Felix Münch

Diskriminierung durch Geschichte?

Felix Münch

Diskriminierung durch Geschichte?

Der Deutungsstreit um den „Bronzenen Soldaten" im postsowjetischen Estland

Tectum Verlag

Felix Münch

Diskriminierung durch Geschichte?.
Der Deutungsstreit um den „Bronzenen Soldaten“
im postsowjetischen Estland

ISBN: 978-3-8288-9809-7

Umschlagabbildung: Fotografie des Autors

Besuchen Sie uns im Internet
www.tectum-verlag.de

Bibliografische Informationen der Deutschen Nationalbibliothek
Die Deutsche Nationalbibliothek verzeichnet diese Publikation in der Deutschen Nationalbibliografie; detaillierte bibliografische Angaben sind im Internet über http://dnb.ddb.de abrufbar.

Danksagung

Mein herzlicher Dank gilt allen, die mich bei meiner Arbeit unterstützt haben - und dies ist auf vielfältige Art geschehen.

Für die Realisierung meines Forschungsaufenthaltes in Estland danke ich der Heinz-Schwarzkopf-Stiftung in Berlin, ohne deren Reisestipendium meine Recherchen und Interviews vor Ort nicht möglich gewesen wären. Allen meinen Gesprächs- und Interviewpartnern gebührt Dank für deren vorbehaltlose Offenheit und die Bereitschaft, sich mit meiner Fragestellung auseinanderzusetzen. Dafür danke ich Siobhan Kattago und Pille Petersoo von der Universität Tallinn sowie Heiko Pääbo, Ene Kõressar, Viktor Trasberg, Piret Ehin, Eva-Clarita Onken und Vello Pettai von der Universität Tartu. Auch den Mitarbeitern des Legal Information Centre for Human Rights (LICHR) in Tallinn, insbesondere Alekseij Semjonow und Wadim Poleschtschuk, bin ich zu Dank verpflichtet. Ebenso danke ich dem Leiter des Okkupationsmuseums in Tallinn, Heiki Ahonen.

Für die Weitergabe von noch unveröffentlichten und/oder schwer zu beschaffenden Forschungsergebnissen danke ich neben den bereits oben genannten auch Michele Commercio von der University of Vermont, Alexander Astrow von den Universitäten Tartu und Budapest sowie dem schwedischen Journalisten Arne Bengtsson.

Vorangetrieben wurde meine Arbeit auch von Freunden und Bekannten, welche mir bei Übersetzungsarbeiten aus der schwedischen und estnischen Sprache geholfen haben. Hierbei sind auf schwedischer Seite Tina Mohr, Peter Paschold und Franca Lippitz zu erwähnen, auf estnischer Seite erneut Heiko Pääbo sowie Marge Taivere.

Abschließend danke ich den Personen aus meinem engsten Umfeld für deren Anregungen, Beanstandungen und unverblümte Beurteilung meiner Arbeit, ohne die dieses Buch nicht zustande gekommen wäre. Neben Alena Gröschner und Johanna Hammann ist hier vor allem Anne-Katrin Lang zu nennen, welche unermüdlich wertvolle Hinweise gegeben und konstruktive Kritik geübt hat.

Diesen Menschen sowie meinen Eltern und meiner Schwester ist dieses Buch in Liebe gewidmet.

Gießen, im Oktober 2008

Felix Münch

Inhaltsverzeichnis Seite

1 Einleitung

Der Zusammenbruch der Sowjetunion als letztes Vielvölkerreich Europas brachte mit den gewaltigen ökonomischen, politischen und kulturellen Umwälzungen jedem Staat in Mittel- und Osteuropa einen individuellen Zugang zu den sich stellenden Aufgaben und Problemen nach der wiedergewonnenen Unabhängigkeit. Die ökonomische Transformation von sowjetischer Planwirtschaft zu globaler Markwirtschaft sowie die politische Integration in die westliche Staatengemeinschaft und deren Bündnissysteme bildeten die vorrangigen außenpolitischen Zielsetzungen der „Newly Independent States". Innenpolitisch stellten sich die Fragen der Bedeutung des Nationalstaates und dessen Reetablierung sowie nach dem Umgang mit den ethnischen Minderheiten.

Während die Zugänge und Lösungsstrategien zu diesen Aufgaben und Problemen von Staat zu Staat anders gewählt wurden, herrschte ein relativer Konsens in der „nationalen Frage" innerhalb der mittel- und osteuropäischen Gesellschaften:

> „Die neuen Staaten gründeten sich alle als Nationalstaaten, in denen *eine* Ethnie als das Staatsvolk angesehen wird, in dessen Namen das Territorium beherrscht wird sowie Symbole und Traditionen als Ausdruck nationalen Bewusstseins legitimiert werden. Ethnisch heterogene Staaten, wie die Tschechoslowakei oder Jugoslawien, zerbrachen entlang ethnischer Grenzziehungen" (Dittmer 2003: 8, Hervorhebung F.M.).

So trat nach dem Ende der Sowjetunion der Nationalismus, welcher Osteuropa offensichtlich nie verlassen hatte, sondern lediglich unter der „Glocke der sowjetischen Dominanz" (von Beyme 1994: 124) zurückgehalten und konserviert wurde, wieder offen hervor. Fragen nach der ethnischen Herkunft und der kollektiven Identität(en)[1] der Titularnationen und damit die Abgrenzung zu anderen Ethnien sind seit dem Wegfall der alten Ordnung wichtiger denn je - insbesondere, wenn es um die Abgrenzung von den Russinnen und Russen als Angehörige der ehemals dominierenden Ethnie in der Sowjetunion geht. In diesem Kontext wurde der Terminus „Ethnodemokratie" auf Estland angewandt, da eine ethnische Mehrheit eine ethnische Minderheit dominiert und Teile der Minderheit durch ihren Status als

1 Trotz der Problematik, die diesem Begriff als „Konjunkturwort" innewohnt (Vgl. Niethammer 2000), wird aus Mangel an überzeugenden Alternativen in diesem Buch auf den Terminus der kollektiven Identität zurückgegriffen.

Staatenlose nicht voll am politischen Prozess teilnehmen können (Järve 2000: 4f., Smooha 2001: 71ff., Pettai 1998, Linz/Stepan 1996).[2] Die besondere historische Situation der russophonen[3] Minderheiten in den Nachfolgestaaten der Sowjetunion und damit auch in Estland ergibt sich aus der Tatsache, dass diese - ohne zu emigrieren - zur ethnischen und sprachlichen Minderheit geworden sind und sich nach 1991 in einem neuen Staat mit einem neu definierten Staatsvolk wieder gefunden haben. Dabei ist die Rede von rund 25 Millionen Russinnen und Russen, welche seitdem in den Nachfolgestaaten der Sowjetunion in der Diaspora leben und nur vereinzelt in ihr Heimatland zurückgekehrt sind. Im estnischen Fall betrug der Anteil der russophonen Minderheit an der Bevölkerung im Jahr 1989 kurz vor der estnischen Unabhängigkeit 35,2% (Götz/Hanne/Onken 1998: 306).

Mit der Unabhängigkeit Estlands ging die Degradierung der russischen Ethnie einher, welche zuvor in der Sowjetunion alle Privilegien genossen hatte. Bis 1991 rekrutierte sich der größte Teil der Führungselite aus der russischen Bevölkerungsschicht. Die russische Sprache und das Bildungssystem dominierten in allen Regionen, eine gemeinsame Kultur und vor allem ein verbindliches Geschichtsbild wurde zentral von Moskau generiert und in der Peripherie entgegen der dortigen Erinnerungstradition implementiert.

Der Prozess der Loslösung der baltischen Staaten von der Sowjetunion wurde im Westen mit besonderer Aufmerksamkeit verfolgt, vor allem da diese sich als erste Sowjetrepubliken vom Moskauer Zentrum abwandten und somit Impulse für den Zusammenbruch der Sowjetunion gaben. „Ohne den baltischen Drang nach Unabhängig-

---

2 Laut offiziellen Angaben des estnischen Amts für Statistik lebten im Jahr 2007 1.342.409 Menschen im Land, wovon 921.062 ethnische Esten (68,61%) und 388.571 ethnische Russen, Belorussen oder Ukrainer (28,95%) waren (Eesti Statistika 2008). Dabei gab das estnische Außenministerium im Jahr 2008 die Zahl der Menschen ohne Staatsbürgerschaft mit insgesamt 111.291 (8,16%) an (Außenministerium der Republik Estland 2008).

3 In der vorliegenden Arbeit wird nach Peter van Elsuwege nicht nur die „russische", sondern auch die „russophone" Minderheit mit einbezogen, da sich neben der ethnisch russischen Minderheit in Estland die weiteren russophonen Minderheiten aus Belarus und der Ukraine in einer sehr ähnlich gearteten Problemsituation befinden und Minderheiten zunächst durch das Primärmerkmal „Sprache" definiert werden (Vgl. van Elsuwege 2004). Aufgrund deren Marginalität sind weitere russophone Minderheiten, etwa aus dem Kaukasus oder Zentralasien, zu vernachlässigen.

keit ist es unwahrscheinlich, dass die UdSSR sich so bald und so friedlich aufgelöst hätte" (Clemens 2001: 52).
Da die Annektierung Estlands, Lettlands und Litauens durch die Sowjetunion während des Zweiten Weltkrieges nie von den westlichen Staaten anerkannt worden war, wurde den Staatsgründungen im Baltikum 1991 besondere Aufmerksamkeit und Sympathie gewidmet. Durch die schnelle Westanbindung und die eingeleiteten Transformationsprozesse im politischen und vor allem wirtschaftlichen Bereich fielen die drei Staaten positiv, durch deren teilweise rigiden Haltungen gegenüber der russophonen Minderheit im eigenen Land allerdings negativ auf. Daraus entstand in Estland die Diskussion um Legitimität und Ausmaß dieser Benachteiligung, welche in Hinblick auf die sozialen Erosionsprozesse im Land zunächst als Bürde der gesamten Gesellschaft angesehen wurde und sich durch die „Schock-Therapie" der wirtschaftlichen Transformation ergeben würde (Kirch/Kirch 1992). Im Verlauf der 1990er Jahre stellten jedoch immer mehr Wissenschaftler eine signifikante Benachteiligung der russophonen Minderheit in fast allen gesellschaftlichen Sphären Estlands fest (Vgl. Aasland 1996, Andersen 1999, Laitin 1998).

Aufgrund der Zuspitzung der ethnischen Differenzen in Estland gingen viele Beobachter des Konflikts davon aus, dass dieser sich gewaltsam entladen könnte (Brubaker 1997, Laitin 1998). Kenneth Jensen sagte "bewaffnete Auseinandersetzungen" (Jensen 1994: 8) für Estland voraus, und David Laitin nannte die Situation ein „Rezept für Krieg":

> „They [the Russian-speaking community, F.M.] blame the titulars in general, and the nationalist leaders of their republics in particular, for the uncertainty they are currently facing. For many theorists of ethnic tension, this is the recipe for war" (Laitin 1998: 177).

Nachdem in Riga und Vilnius die Unabhängigkeitsbestrebungen im Januar 1991 noch von Truppen der Roten Armee blutig unterdrückt worden waren - es in Estland im Gegensatz dazu aber friedlich blieb (Münch 2006: 24) - sagte kurz vor der estnischen Unabhängigkeit der erste estnische Minister für Nationalitätenfragen, Artur Kuznetsow, die Transformation in Estland geschehe „ohne Gewalt zwischen den ethnischen Gruppen, ohne scharfe Konfrontationen und ohne Opfer. [...] Estland ist jetzt die einzige Republik in der Sowjetunion, in der keine Person während ethnischer Gewalt verletzt wurde, wir hatten keine Opfer" (Laitin 1998: 180). Auch im weiteren Verlauf dieses

Prozesses und nach dem Wiedererlangen der staatlichen Souveränität Estlands sollte es friedlich bleiben. Kuznetsows Aussage hatte bis zur Verlegung des „Bronzenen Soldaten" im Jahr 2007 bestand.

Mit Rolle und Situation der russophonen Minderheit in Estland und der Qualität der ethnischen Beziehungen im Land haben sich Wissenschaftler verschiedener Disziplinen intensiv beschäftigt. Bei allen Unterschieden zwischen den beiden dominierenden Ethnien in Estland galt das Land bis zur Eskalation des Konflikts als Beispiel für erfolgreiche präventive Diplomatie (Birckenbach 1997, Troebst 1997: 35). Dieses Ergebnis muss allerdings spätestens nach den Gewaltausbrüchen im April 2007 revidiert werden.

Die vorliegende Arbeit beschäftigt sich mit den Ereignissen in Estland im Jahr 2007 um die Verlegung des „Bronzenen Soldaten" und der in diesem Kontext stattgefundenen Gewalteskalation. Dabei wird die Leitfrage sein, inwiefern durch die Vergangenheits- und Geschichtspolitik der estnischen Regierung eine Marginalisierung der russophonen Minderheit in Estland stattgefunden hat oder noch stattfindet, oder ob es sich sogar um eine bewusst betriebene Exklusionspolitik gegenüber der russischen Minderheit handeln könnte, die darauf abzielt, dem Ideal einer monoethnischen Nation[4] näher zu kommen. Dabei soll der diesbezügliche Diskurs, der innerhalb der estnischen Öffentlichkeit und den estnischen und russischen Medien stattgefunden hat, nachgezeichnet werden. Anhand der Position der estnischen Regierung, Aussagen estnischer Politiker sowie Initiativen innerhalb der estnischen Gesellschaft sollen geschichtspolitische Aktivitäten in Estland im Kontext der Situation der russophonen Minderheit analysiert und bewertet werden.

Die Grundlage für diese Analyse bildet das folgende Kapitel (S. 17ff.), welches sich neben der Historie des Denkmals des „Bronzenen Soldaten" zunächst mit den Ereignissen zu Beginn des „Krieges der Denkmäler" in den estnischen Städten Pärnu und Lihula beschäftigt. Anschließend werden die Ereignisse im Vorfeld der Verlegung des „Bronzenen Soldaten" mit Fokus auf der estnischen Hauptstadt Tallinn beleuchtet, welche sich in verschiedenen privaten und parteipo-

4 Tatsächlich wurde nach der Unabhängigkeit 1991 ein ethnischer Idealzustand der estnischen Nation als politisches Ziel formuliert. Dieses Ideal wurde mit einem Anteil von 80% ethnisch estnischer Staatsbürger an der Gesamtbevölkerung festgelegt (Zägel 2007: 200).

litischen Initiativen manifestierten. Darauf folgend werden die Bemühungen der estnischen Regierung erörtert, eine gesetzliche Grundlage für die Entfernung des Denkmals aus dem Stadtkern Tallinns zu schaffen, woran sich eine Betrachtung der estnischen Parlamentswahlen von März 2007 anschließt.

Das dritte Kapitel (S. 47ff.) befasst sich mit der Verlegung des „Bronzenen Soldaten" und den Umständen, unter denen die estnische Regierung diese Entscheidung traf. Dabei wird neben den Ereignissen in Estland auch die direkten Reaktionen aus Russland Erwähnung finden, um die weit reichenden Folgen der Denkmalverlegung auch über die Grenzen Estlands hinaus erfassen zu können.

Einen Überblick über die Reaktionen auf die gewaltsamen Ereignisse in Tallinn soll das vierte Kapitel (S. 65ff.) geben. Neben verschiedenen Positionen von Politikern und Wissenschaftlern aus Estland und der Russländischen Föderation werden hier auch Reaktionen aus Europa und darüber hinaus dargestellt werden müssen, um ein umfassendes Meinungs- und Interpretationsspektrum in Bezug auf die Ereignisse widerspiegeln zu können. Interessant ist dabei die Frage, in wiefern sich in der Reaktion auf die Verlegung des „Bronzenen Soldaten" internationale Allianzen zwischen Nationalstaaten und Organisationen gebildet haben.

Bei der Analyse der Debatte in den Kapiteln zwei bis vier bezieht sich die vorliegende Arbeit in erster Linie auf Berichte in der estnischen Tagespresse sowie auf offizielle Stellungnahmen verschiedener Behörden, Organisationen und Institutionen aus dem staatlichen und nichtstaatlichen Bereich.

Im fünften Kapitel (S. 87ff.) werden die Ereignisse um die Denkmalverlegung in Tallinn anhand von Theorien über die Beziehung von Staaten und Gesellschaften zu Geschichte und Gedächtnis analysiert und bewertet. Dabei werden neben erinnerungskulturellen und geschichtspolitischen Aspekten auch Theorien um Bedeutung und Funktion von Denkmälern sowie die estnische Vergangenheitspolitik eine Rolle spielen. Nur so kann der Fall des „Bronzenen Soldaten" in Tallinn in der gesamten Bandbreite seiner Bedeutung für die estnische Gesellschaft und ihre russophone Minderheit erfasst werden.

Abschließend werden im Schlusskapitel (S. 115ff.) die Ereignisse der Analyse zusammengefasst, um diese in Verbindung mit den Interpretationen von Forschern abschließend zu bewerten und ein Fazit aus der vorliegenden Fragestellung hinsichtlich der entwickelten Fragestellung zu ziehen.

Die Literaturlage zum Thema ist aufgrund der Aktualität der Verlegung des „Bronzenen Soldaten" in Tallinn als Schlüsselereignis noch ausgesprochen dünn. Die einzige Monographie zum Thema liegt zur Zeit vom schwedischen Journalisten Arne Bengtsson[5] aus dem Jahr 2007 vor, während ein russischsprachiges Werk[6] von Alexander Astrow[7], Professor für Politikwissenschaft an den Universitäten Budapest und Tartu, über die allgemeine Situation der russophonen Minderheit in Estland den Denkmalstreit aus dem Jahr 2007 zumindest abschließend streift. Ebenso verhält es sich mit dem Kapitel über Estland in der Monographie des deutschen Historikers Jörg Zägel[8] über Vergangenheitsdiskurse in Osteuropa. Eine Sammlung von Aufsätzen zum Themenkomplex des „Bronzenen Soldaten" in estnischer Sprache haben die Soziologen Pille Petersoo und Marek Tamm[9] im Sommer 2008 herausgegeben; eine Sammlung in englischer Sprache befindet sich in Vorbereitung und wird noch im Laufe des Jahres 2008 von den Politikwissenschaftlern Piret Ehin und Eiki Berg[10] herausgegeben werden. Weiterhin ist eine übersichtliche Anzahl an

---

5 Bengtsson, Arne (2007): Bronssoldatens hämnd - Baltiska betraktelser [Die Rache des Bronzenen Soldaten - Baltische Betrachtung]. Vimmerby: Grannland.

6 Übersetzungen aus dem Russischen und von russischen Namen wurden im allgemeinen nach den Transkriptionsregeln des Duden vorgenommen (Вадим Полещук → Wadim Poleschtschuk). In Deutschland gebräuchliche Übersetzungen wurden als solche belassen (Михаил Горбачёв → Michail Gorbatschow), während verschiedene Schreibweisen bedingt durch Transkriptionssysteme verschiedener Sprachen durch die Regeln des Duden angeglichen wurden (Aleksandr Astrov → Alexander Astrow). Kommen Namen verschiedener Autoren nur als Literaturangabe vor, wurden diese in ihrer jeweiligen Transkription belassen (Anna Ryleva anstatt Anna Rylewa).

7 Astrow, Alexander (2007c): Самочинное сообщество: Полтика меньшинств или малая политика? [Die willkürliche Gesellschaft: Minderheitenpolitik oder verminderte Politik?]. Tallinn: Universitätsdruckerei Tallinn.

8 Zägel, Jörg (2007): Vergangenheitsdiskurse in der Ostseeregion. Band 2: Die Sicht auf Krieg, Diktatur, Völkermord, Besatzung und Vertreibung in Russland, Polen und den baltischen Staaten. Berlin: Lit Verlag.

9 Petersoo, Pille; Tamm, Marek (Hrsg.) (2008): Monumentaalne konflikt. Mälu, poliitika ja identiteet tänapäeva Eestis [Monumentaler Konflikt: Erinnerung, Politik und Identität im heutigen Estland]. Tallinn: Varrak.

10 Berg, Eiki; Ehin, Piret (Hrsg.) (2008): Identity and Foreign Policy: Baltic-Russian Relations and European Integration. Aldershot: Ashgate (im Druck).

Artikeln zum Thema in verschiedenen Periodika erschienen. Diese haben - soweit verfügbar - wie die bereits verfügbaren Monographien und Aufsatzsammlungen Eingang in dieses Buch gefunden.

2 Der estnische „Krieg der Denkmäler"

2.1 Die Geschichte des „Denkmals für die Befreier"

Am 22. September 1947, zum dritten Jahrestag des erneuten Einmarsches der Roten Armee in Tallinn, wurde der „Bronzene Soldat" (estnisch: *Pronkssõdur*) auf dem Domberg in Tallinn feierlich eingeweiht. Platziert wurde das Denkmal auf der im Juni 1945 in „Platz der Befreier" umbenannten Grabstätte zwölf sowjetischer Soldaten[11], welche dort seit April 1945 begraben lagen. Die etwa zwei Meter hohe Statue auf einem Sockel aus Dolomit zeigt einen Soldaten in einer Uniform der Roten Armee, der zum Gedenken seiner gefallenen Kameraden demütig den Kopf senkt. Seinen Helm hält der Soldat in der rechten Hand, das Gewehr ist mit dem Lauf nach unten geschultert. Hinter dem Soldaten stand bis zu seiner Verlegung eine freistehende Mauer aus Kalkstein, welche das Monument leicht überragte. Der Volksmund der russischen Bevölkerung Tallinns nannte das „Denkmal für die Befreier" *(Vabastajate Monument)*, so die offizielle Namengebung durch die sowjetische Administration, im Laufe der Jahre liebevoll „Aljoscha"[12]. Dies hatte sich in vielen Teilen der

---

11 Die offizielle Zahl der unter dem Denkmal begrabenen Soldaten weicht, wie die tatsächliche, von den Archivzahlen ab. So dokumentierte das Archiv des estnischen Amts für Verteidigungsressourcen, *Kaitseressursside Ameti Arhiiv,* zunächst 14 begrabene Körper, russische Stellen gingen vor der Exhumierung von 13 begrabenen Soldaten aus. Bei der Exhumierung im April 2007 wurden allerdings nur die sterblichen Überreste von zwölf Soldaten entdeckt. Zu den historischen Zusammenhängen gibt es eine Studie im Auftrag des estnischen Außenministeriums unter der Mitarbeit der estnischen Historikerkommission. Vgl. Kaasik, Peeter (2006b): Tallinnas Tõnismäel asuv puunarmelaste ühishaud ja mälestusmärk. Ajalooline õiend [Der Domberg von Tallinn mit dem Massengrab der Roten Armee und dem Denkmal. Eine historische Berichtigung], Tallinn: Inimsusevastaste Kuritegude Uurimise Eesti Sihtasutus. Von der Studie existiert eine englische Version, welche allerdings teilweise eine andere Wortwahl aufweist. So ist beispielsweise in der Überschrift nicht von einer „Berichtigung", sondern lediglich von einem „statement" die Rede. Vgl. Ders. (2006a): Common grave for and a memorial to Red Army soldiers on Tõnismägi, Tallinn. Historical statement, Tallinn: Inimsusevastaste Kuritegude Uurimise Eesti Sihtasutus.

12 „Aljoscha" im Russischen ist das Diminutivum des Namens Aleksej und könnte eine Anlehnung des Volksmunds an das oskarnominierte russische Kriegsdrama „Ballada o soldate" (Die Ballade vom Soldaten) aus dem Jahr 1959 sein. Hier wird der tragische Held Aljoscha aufgrund seiner Tapferkeit im Zweiten Weltkrieg ausgezeichnet, wählt anstatt eines Ordens aber

UdSSR für die in Großserien gefertigten Denkmäler dieser Art, welche praktisch in jeder größeren Stadt standen, eingebürgert. Oft entstammten diese sogar derselben Gussform (Konradova/Ryleva 2005: 351f., Berliner Zeitung: 23.02.2007).
Bei der Ausschreibung für die Realisierung des Denkmals setzte sich der Beitrag des estnischen Architekten Arnold Alas gegen sechs weitere Bewerbungen durch, wobei seine beiden Vorschläge von der lokalen sowjetischen Administration bis zum Baubeginn noch mehrfach abgeändert wurden. Die bronzene Statue wurde von dem estnischen Bildhauer Enn Roos entworfen, wobei ihm, so die am weitesten verbreitete, aber auch angezweifelte Geschichte, Kristjan Palusalu, estnischer Ringer und Goldmedalliengewinner bei den Olympischen Spielen 1936 in Berlin, Modell stand (Kaasik 2006a: 17).
Zwei Schilder in russischer Sprache wurden an der Kalksteinmauer links und rechts des Denkmals angebracht. Das eine Schild trug die Inschrift: „Mögen die gefallenen Helden, welche für die Befreiung und Unabhängigkeit unseres Landes gestorben sind, für immer geehrt werden". Auf dem anderen Schild standen elf der angeblich 13 Namen der Begrabenen sowie deren militärischer Rang. Die Namen der (vermeintlich) zwei weiteren Begrabenen waren zu diesem Zeitpunkt noch nicht bekannt (Kaasik 2006a: 12ff.).
Eine vorläufige Konstruktion, welche während der laufenden Ausschreibung als Platzhalter für das spätere aufzustellende Denkmal fungierte, war von den Sowjets nach der erneuten Eroberung Tallinns installiert worden. Es bestand aus einer blauen Pyramide aus Holz, welche etwa einen Meter hoch war und auf dessen Spitze ein roter Stern prangte. In der Nacht vom 8. auf den 9. Mai 1946 wurde dieses Holzprovisorium von zwei estnischen Mädchen, Ageeda Paavel und Aili Jürgenson, in die Luft gesprengt, womit diese sich nach eigener Aussage an den sowjetischen Okkupanten für die Zerstörung von estnischen Denkmälern rächen wollten (Kaasik 2006a: 20f.). Aili Jürgenson wurde später während andauernder oppositioneller Tätigkeiten vom sowjetischen Geheimdienst aufgespürt und nach Sibi-

---

einen Heimatbesuch bei seiner Mutter. Kurze Zeit später fällt er (Karl 2002: 78f.). Denkmäler, welche im Volksmund „Aljoscha" genannt werden, gibt es, soweit sie nicht abgebaut wurden, in Russland sowie im gesamten postsowjetischen Raum, so zum Beispiel im russischen Murmansk, in Charkiw (Ukraine), in den bulgarischen Städten Plowdiw und Russe, aber auch in der österreichischen Hauptstadt Wien. Dort wurden Geschichte und Konflikte um das Denkmal zum 60. Jahrestag der Einweihung genau beleuchtet (Vgl. Marschik, Matthias; Spitaler, Georg (2005): Das Wiener Russendenkmal. Architektur, Geschichte, Konflikte. Wien: Verlag Turia + Kant).

rien verbannt, wo sie in einem Arbeitslager interniert wurde. Im Februar 1998 bekamen die beiden Widerstandskämpferinnen vom damaligen estnischen Präsidenten Lennart Meri für ihren Kampf gegen den Kommunismus den den „Orden des Adlerkreuzes" *(Kotkaristi Teenetemärk)* verliehen (Postimees: 27.05.2006, Dagens Nyheter: 12.05.2007, Präsident der Republik Estland 1998).

Im Jahr 1964 wurde dem Denkmal ein „Ewiges Licht" hinzugefügt, welches zentral einige Meter vor dem „Bronzenen Soldaten" installiert wurde. Außerdem wurde in der zweiten Hälfte der 70er Jahre das Schild mit den Namen der Begrabenen ausgetauscht, da die zwei fehlenden nach Recherchen des sowjetischen Verteidigungsministeriums hinzugefügt werden konnten.

Nach der Unabhängigkeit Estlands von der Sowjetunion kam 1993 eine erste Diskussion um die Umgestaltung des Platzes auf, die Tallinner Stadtverwaltung wollte das Denkmal jedoch erhalten. Dies war allerdings weniger Ausdruck einer positiven Einstellung gegenüber dem Denkmal, sondern vielmehr durch die Furcht vor der noch anwesenden Schutzmacht der russophonen Minderheit in Form der russischen Armee motiviert. Zunächst wurden daraufhin der Sockel des Denkmals sowie das „Ewige Licht" entfernt. Kurze Zeit später wurden auch die einsprachigen Schilder ausgetauscht und durch estnisch- und russischsprachige mit der Aufschrift „Für alle, die im Zweiten Weltkrieg gefallen sind" ersetzt, womit auch das Schild mit den Namen der Begrabenen verschwand (Kaasik 2006a: 20f.). Damit sollte eine Umdeutung des Denkmals erreicht werden, welche dieses gleichermaßen für ethnisch russische und ethnisch estnische Bürger Estlands zugänglich machen sollte.

Nach dem Abzug der russischen Armee ein Jahr zuvor diskutierte die Regierung in Tallinn 1995 eine weitergehende Neugestaltung des Platzes, wobei des Denkmal weiterhin stehen bleiben und umgestaltet werden sollte. Es wurde von Seiten der Regierung in Erwägung gezogen, ein Kreuz als Zeichen der christlichen Aufopferung sowie eine Eiche als nationales Symbol Estlands dem „Bronzenen Soldaten" zur Seite zu stellen. Die Diskussion um eine Entfernung oder Verlegung des Denkmals kam zunächst nicht auf, unter anderem weil man sich nicht sicher war, wie viele Soldaten in unmittelbarer Nähe begraben lagen. Dies stellte einen Unsicherheitsfaktor für die estnischen Behörden dar (Kattago 2008a: 15).

Mit der beschriebenen Umgestaltung und der damit versuchten Umdeutung des „Bronzenen Soldaten" von einem Denkmal für die sowjetischen Helden zu einem Denkmal für alle im Zweiten Weltkrieg gefallenen Soldaten stellte die estnische Regierung zunächst für die kommenden Jahre einen wackligen Konsens her, ohne das Problem letztendlich gelöst zu haben.

2.2 Schauplätze estnischer Konfliktszenarien

2.2.1 Pärnu

Der estnische „Krieg der Denkmäler", wie die Auseinandersetzungen um Denkmäler zum Gedenken an den Zweiten Weltkrieg schnell in der nationalen und internationalen Presse betitelt wurden (Kõressar 2007: 36, Fußnote 2), begann bereits im Jahr 2002 in der estnischen Stadt Pärnu[13].

Dort wurde auf private Initiative hin ein Denkmal errichtet, welches aus einem bronzenen Flachrelief und einer ebensolchen Gedenktafel vor dem Hintergrund eines quadratischen Granitsteines bestand. Das Relief zeigte einen estnischen Soldaten, der im Zweiten Weltkrieg auf der Seite der Deutschen gegen die Rote Armee kämpfte. Dargestellt war der estnische Soldat als Maschinengewehrschütze in einer SS-Uniform, welcher das Eiserne Kreuz als Orden der deutschen Streitkräfte sowie ein estnisches Freiheitskreuz[14] an der Uniform trug. Auch fanden sich SS-Runen am Helm des Soldaten. Die Inschrift des Denkmals, welches nach neun Tagen auf Druck der Regierung in Tallinn wieder entfernt wurde, lautete: „Für alle estnischen Soldaten, die im zweiten Befreiungskrieg für ihr Heimatland und ein freies Europa von 1940 - 1945 gefallen sind"[15]. Der private Initiator des

---

13 In Pärnu wurde, noch vor dem Ende des Zweiten Weltkrieges im April 1945, das erste Monument zum Gedenken an Gefallene des estnischen Unabhängigkeitskrieges von 1918 - 1920 von den Sowjets in die Luft gesprengt. Dies war der Auftakt für eine großräumige Zerstörung von estnischen Denkmälern durch die Rote Armee (Kaasik 2006a: 20).

14 Das estnische Freiheitskreuz nach dem Vorbild des Eisernen Kreuzes (Brüggemann 2008: 137) wurde eigentlich ausschließlich für besondere Leistungen während des estnischen Freiheitskrieges von 1918 - 1920 verliehen, aber auch an Beteiligte an der Niederschlagung des kommunistischen Putsches in Estland 1924 sowie bis 1925 auch an Einzelpersonen und Städte vergeben. Zu den nicht-estnischen Preisträgern zählten neben Benito Mussolini und Philippe Pétain beispielsweise auch die Stadt Verdun. Eine Gesamtdarstellung aller Preisträger findet sich in: Riigikantselei [Staatskanzlei] (2001): Eesti Tänab 1919 - 2001 [Estnische Honoratioren 1919 - 2001], Tallinn: Riigi Teataja Kirjastus.

15 Originalinschrift: „Kõigile Eesti sõjameestele, kes II vabadussõjas langesid kodumaa ja vaba Euroopa eest 1940-1945".

Denkmals, Leo Tammiksaar, ist in Estland als Aktivist der rechtsextremen Estnischen Unabhängigkeitspartei *(Eesti Iseseisvuspartei)* bekannt und betreibt in seinem Privathaus in Pärnu das „Museum der estnischen SS-Legion". In diesem wird die Beteiligung der Esten an den Verbrechen der Nationalsozialisten im Zweiten Weltkrieg systematisch verharmlost (Spiegel spezial 2/2005: 79).
Nach Angaben der BBC und des „Legal Information Centre for Human Rights" (LICHR)[16] in Tallinn wurde das Denkmal entfernt, da sich die damalige Regierung um Premier Siim Kallas über das Image Estlands im Ausland besorgt zeigte, nicht jedoch aus innenpolitischen Erwägungen (Poleschtschuk 2007: 10). „It is regrettable that a monument with such a text and strong expression emerged", gab Kallas zu und zeigte sich besorgt über mögliche Auswirkungen der Kontroverse auf die Anstrengungen des Landes, der NATO sowie der EU beitreten zu können (BBC News: 24.07.2002).

Nachdem sich der nationale und internationale Wirbel um das Denkmal von Pärnu gelegt hatte, wurde am 23. November 2003 erneut ein Denkmal in dem Küstenort eingeweiht, welches nun explizit den estnischen Soldaten gewidmet wurde, die in der Waffen-SS gedient hatten. Weitgehend unbeachtet von den Medien wohnten nach

---

16 Das "Legal Information Centre for Human Rights" (LICHR) ist eine NGO und vertritt seit 1995 die Interessen von russophonen Einwohnern Estlands, auch vor Gericht. Es wird durch Spenden sowie direkt und indirekt von der russischen Regierung finanziert und ist nach Meinung von Birckenbach eine „echte NGO", welche sich im Gegensatz zu estnischen Anwälten wirklich um Menschenrechte kümmert (Birckenbach 2000: 39). Der Jahresbericht 2006 der estnischen Geheimpolizei *Kaitsepolitseiamet* klassifiziert LICHR als Marionettenorganisation Moskaus, welche „ihre Anweisungen direkt von russischen Diplomaten erhält [...], extremistische Ideologie repräsentiert und eine der zentralen Organisationen zur grundlosen Beschmutzung der internationalen Reputation Estlands" darstellt (KAPO-Yearbook 2006: 4). Das LICHR war auch als Reaktion auf das staatliche Estonian Institute for Human Rights (EIHR) *(Eesti Inimõiguste Instituut)* gegründet worden, welches das estnisch dominierte, nationalistische Pendant zum LICHR darstellte. 1994 nannte das EIHR die OSZE-Mission in Estland, welche sich um die Belange der russophonen Minderheit in Estland kümmerte, ein „indirektes Instrument des russischen Imperialismus" (Lahelma 1994 zitiert nach Birckenbach 2000: 39). 2001 musste die OSZE-Mission schließen, da die estnische Regierung deren Auftrag für erfüllt erachtete. Das EIHR war 1992 vom damaligen Präsidenten Lennart Meri gegründet worden und diente wohl eher der Außendarstellung Estlands als einer ernst gemeinten Rechtsberatung in Menschenrechtsfragen. Das EIHR hat mittlerweile seine Arbeit eingestellt.

Angaben der Ständigen Vertretung der Russländischen Föderation bei den Vereinten Nationen sogar Abgeordnete der estnischen Regierungskoalition der Einweihungszeremonie bei (Außenministerium der Russländischen Föderation 2003, Ständige Vertretung der Russländischen Föderation bei den Vereinten Nationen 2008).

Interessant ist das anfängliche relative Desinteresse der russischen Führung an den Ereignissen in Estland, obwohl europaweit und darüber hinaus über die Ereignisse berichtet wurde. Die Führung in Moskau verhielt sich relativ ruhig, und die russische Presse berichtete zwar kritisch, jedoch nicht polemisch und ohne harte Konsequenzen für Estland zu fordern.
So musste der damalige russische Präsident Wladimir Putin noch am Ende des Jahres 2003 durch einen offenen Brief der israelischen Staatsführung auf die Geschehnisse in Estland aufmerksam gemacht werden. In dem Brief forderte der damalige israelische Ministerpräsident Ariel Scharon den russischen Präsidenten auf, eine offizielle Stellungnahme abzugeben und den Prozess der angeblichen Rehabilitierung von Nazi-Verbrechern in den baltischen Staaten zu stoppen.[17] Auch kritisierte Scharon die Staaten der Europäischen Union scharf: Diese hätten sich damit abgefunden, dass die zukünftigen EU-Mitgliedsstaaten die wichtigsten Lehren des Zweiten Weltkrieges vergessen hätten (Jerusalem Post: 04.11.2003).
So waren es - auch innerhalb Russlands - zuerst die jüdischen Gemeinschaften, welche die Vorgänge in Estland massiv anprangerten und ein Eingreifen der internationalen Gemeinschaft forderten (Federation of Jewish Communities of the CIS: 07.07.2004). In den Jahren 2004 und 2005 erkannte die russische Regierung die Relevanz des Themas und den Nutzen, welcher aus einer engeren Zusammenarbeit mit Israel und den jüdischen Organisationen gezogen werden kann. Folglich mokierte sich die estnische Geheimpolizei *Kaitsepolitseiamet* in ihrem Jahresbericht von 2005 darüber, dass Russland nur aus Gründen der Diskreditierung Estlands eine solche Zusammenarbeit organisieren und intensivieren würde:

> „As a part of differentiated foreign policy towards the Baltic States approach to history, particularly to the II WW [World War II, F.M.] is emphasized. The Ministry of Foreign Affairs of Russia has initiated the idea to establish a working group by the Security Council of the Russian Federation that would draw up countermeasures to misconceptions of history. […] In order to discredit the Baltic States in abovementioned issues it has been considered important to in-

17 Wie Scharon sich ein Eingreifen Russlands in die inneren Angelegenheiten Estlands, Lettlands und Litauens vorstellte, bleibt leider offen.

tensify cooperation between the Ministry of Foreign Affairs of Russia and Russia's and international Jewish organizations." (KAPO-Yearbook 2005: 9f.)

2.2.2 Lihula

Im Jahr 2004 sollte das in Pärnu entfernte Denkmal in der westestnischen Kleinstadt Lihula wieder aufgestellt werden. Es wurde allerdings eine Änderung der Inschrift vorgenommen. Das granitene Monument, welches nach längeren Kontroversen auf dem örtlichen Friedhof gegenüber eines Ehrenmals für sowjetische Gefallene platziert wurde, trug nun die eindeutig nationalistischere Inschrift „Für alle estnischen Männer, die in den Jahren 1940 - 1945 gegen den Bolschewismus und für die Wiederherstellung der estnischen Unabhängigkeit gekämpft haben"[18]. Jedoch wurden, um einen erneuten Aufschrei der europäischen und russischen Medien zu verhindern, die SS-Runen am Helm des Soldaten abgefeilt (Puhl 2005: 79).
Bei der Enthüllung und feierlichen Einweihung des Denkmals vor über 2000 Gästen am 20. August 2004 - dem Nationalfeiertag zur Wiederherstellung der estnischen Unabhängigkeit im Jahr 1991 - waren neben estnischen Veteranen der Waffen-SS auch einige Neonazis zugegen. Trotz eines offiziellen polizeilichen Verbots der Zeremonie und massiven politischen Drucks aus Tallinn wurde die Veranstaltung unter der Leitung des Vorsitzenden des Stadtrats von Lihula, Tiit Madisson, durchgeführt (BBC News: 20.08.2004, Brüggemann/Kasekamp 2008: 431). Madisson, der 1997 wegen Vorbereitung eines gewaltsamen Staatsstreiches gegen die estnische Regierung rechtskräftig verurteilt, dann aber aufgrund eines neuen Amnestiegesetzes wieder freigelassen und 1999 in den Stadtrat von Lihula gewählt worden war, machte zunächst in den 1980er Jahren als glühender estnischer Nationalist im Kampf für die estnische Unabhängigkeit, dann später als bekennender Faschist auch über die Grenzen Estlands hinaus von sich reden (Poleschtschuk 2007: 10).[19]

[18] Originalinschrift: „Eesti meestele, kes sõdisid 1940-1945 bolševismi vastu ja Eesti iseseisvuse taastamise nimel".

[19] Madisson veröffentlichte unter anderem eine Gesamtdarstellung der Ereignisse von Lihula (Tiit Madisson (2005): Lihula õppetund. Maailma uue korra loomine Eestis: ajaloo ümbertegemine ja rahvusluse mahasurumine [Die Lehrstunde von Lihula. Die Erschaffung einer neuen Weltordnung in Estland: Geschichtsfälschung und Unterdrückung von Nationalismus], Lihula: Ortwil) sowie eine Abhandlung über den Zionismus im 20. Jahrhundert (Ders. (2006): Holokaust. XX sajandi masendavaim sionistlik vale [Holo-

Auch hatte Madisson, der „ewige Dissident" (Brüggemann/Kasekamp 2008: 431), zu Sowjetzeiten als „einer der jüngsten Politgefangenen der UdSSR" wegen angeblicher antisowjetischer Propaganda einige Jahre im Gefängnis gesessen. 1996 verfasste er eine in Estland positiv aufgenommene Gesamtdarstellung der Geschichte der estnischen Dissidentenbewegung[20] (Uibopuu 1997: 6, The Daily Telegraph: 05.02.2007).

Mit der formalen Begründung, es sei ohne Genehmigung auf öffentlichem Grund und Boden errichtet worden, wurde das Denkmal in der Dämmerung des 2. September 2004 aufgrund einer Entscheidung der Regierung in Tallinn bei massivem Polizeischutz und dem Einsatz der Spezialeinheit der estnischen Polizei unter dem wütenden Protest von über 300 Demonstranten hastig abgebaut. Die Polizei war zuvor mit Gewalt gegen die Bewacher des Denkmals vorgegangen, welche dieses besetzt gehalten und den von den Polizeikräften eingesetzten Bagger zunächst an der Zufahrt zum Gelände gehindert hatten (The Baltic Times: 09.09.2004).
Wiederum erst wegen des internationalen Drucks, erzeugt durch eine bevorstehende EU-Außenministerkonferenz, auf der die damalige estnische Außenministerin Kristiina Ojuland Kritik durch ihre Amtskollegen erwarten musste, sowie auf energischen Hinweis der amerikanischen Botschaft in Tallinn, ging die estnische Regierung gegen das Denkmal vor (Bult 2006: 162, Brüggemann/Kasekamp 2008: 432). Premierminister Parts sagte gegenüber der Presse, das Denkmal beschädige Estlands Image in der Welt. Einen möglichen innenpolitischen Zusammenhang stellten jedoch weder er, noch der zuständige Innenminister her (The Stephen Roth Institute for the Study of Contemporary Antisemitism and Racism 2004).
Auch internationale Nichtregierungsorganisationen verschafften ihrem Unmut über das Denkmal gehör. So zeigte sich das Simon-Wiesenthal-Zentrum in einer Pressemitteilung äußerst besorgt über die Entwicklungen in Estland. Das Denkmal würde die Kämpfer in den SS-Einheiten als estnische Freiheitskämpfer glorifizieren und

---

caust. Die erschreckendste zionistische Lüge des 20. Jahrhunderts], Lihula: Ohvrikivi). Darin bezeichnete Madisson die beiden Weltkriege als jüdische Weltverschwörung, die Reichspogromnacht als jüdische Provokation und das Giftgas Zyclon B als Insektizid.

20 Ders. (1996): Vastasseis. Mälestusi ning olupilte ikestatud Eestist, Gulagi laagrist ja Kolõmalt [Widerschein. Erinnerungen und Situationsbilder aus dem unterjochten Estland, den Gulag-Lagern und dem Kolyma-Hochland], Tallinn: Umara.

somit einen Versuch darstellen, die Geschichte umzuschreiben. Dies sei allerdings nicht verwunderlich in einem Land, welches keinen einzigen Nazi-Kriegsverbrecher je rechtlich belangt hätte und in dem sich laut Umfragen 93% der Bevölkerung gegen die Schaffung des nationalen Feiertags für die Opfer des Holocaust aussprechen würden (Simon-Wiesenthal-Zentrum 2004). Seit 2004 wird der 27. Januar als Jahrestag der Befreiung des Konzentrationslagers Auschwitz-Birkenau durch die Rote Armee als Tag des Gedenkens an die Opfer des Nationalsozialismus offiziell in estnischen Schulen begangen. Auf einer Veranstaltung zur Einführung des Gedenktages forderte der damalige Bildungsminister Toivo Maimets bei der Behandlung des Themas im Schulunterricht die Verbindung von Holocaust mit der Deportation von Esten unter der Sowjetherrschaft. In einem Interview mit der Zeitung *Postimees* am gleichen Tag setzte er die Leiden der Juden im Holocaust mit dem der Esten unter Stalin gleich[21] (The Stephen Roth Institute for the Study of Contemporary Antisemitism and Racism 2004, Postimees: 26.01.2004).

In einer Pressemitteilung vom Tag der Entfernung des Denkmals betonte Premierminister Juhan Parts, die Regierung würde den Mut der Menschen würdigen, welche unter verschiedenen Besatzungsregimes für die Freiheit und Unabhängigkeit Estlands gekämpft hätten und dass deren Unsterblichkeit durch Erinnern wichtig sei. „However, this should be done ‚with dignity, respecting the real aims and motives of those people, not a uniform, forced upon them by somebody else'" (Pressemitteilung der Pressestelle der Regierung der Republik Estland vom 2. September 2004, zitiert nach Poleschtschuk 2007: 11).

---

[21] Die Gleichsetzung von Kommunismus und Nationalsozialismus, welche noch einige Male in verschiedenen Formen in dieser Arbeit Erwähnung finden wird, gehört im Baltikum zum politischen Alltagsgeschäft, was außer russischen Protestnoten über die Region hinaus kaum Beachtung findet. Für internationale Aufregung sorgte die Rede der ehemaligen lettischen Außenministerin und ehemaligen EU-Kommissarin Sandra Kalniete am 24. März 2004 auf der Leipziger Buchmesse zur Vorstellung ihrer Autobiographie, welche von der Deportierung ihrer Familie durch die Sowjets nach Sibirien handelt (Vgl. Kalniete 2005). In dieser Rede bezeichnete Kalniete Kommunismus und Nationalsozialismus aus Sicht der baltischen Staaten als gleichermaßen verbrecherisch, woraufhin Salomon Korn, Vizepräsident des Zentralrats der Juden in Deutschland, unter Protest den Saal verließ, da er sowie Teile der deutschen Medien Kalniete mit der Gleichsetzung beider Ideologien auch eine Relativierung des Holocaust unterstellten. Stefan Troebst brachte diese Erinnerungskonkurrenz zwischen West- und Osteuropa auf die Formel „Holocaust vs. Gulag" (Vgl. Troebst 2005).

Die Reaktionen auf das Eingreifen der Regierung spiegelten einerseits das Unverständnis der ethnisch estnischen Bevölkerung für die Entfernung des Denkmals, andererseits die Zustimmung in Kreisen der russophonen Minderheit wider. Laut einer Meinungsumfrage des estnischen *Faktum*-Instituts vom 6. September 2004 bezeichneten 58% der ethnisch estnischen Bevölkerung das Vorgehen der Regierung als Unrecht, dem gegenüber waren 64% der russophonen Einwohner Estlands der Meinung, die Entfernung des Denkmals sei gerechtfertigt, so die baltische Nachrichtenagentur *Baltic News Service (BNS)* (Poleschtschuk 2007: 11).
Trotz der Ankündigung der Regierung, in naher Zukunft einen Gesetzentwurf zur Regelung des Gedenkens an die gefallenen Esten im Zweiten Weltkrieg einzubringen, um die Zuständigkeit für Denkmäler von den Lokalbehörden auf die Zentralregierung zu übertragen, sank unter der ethnisch estnischen Bevölkerung die Zustimmung für die Regierung von Juhan Parts drastisch. Dies war nicht einer der Hauptgründe für die Demission der Regierung Parts im April 2005, es stellte jedoch den Ausgangspunkt des kontinuierlichen Popularitätsverfalls des Premierministers dar.
Auch die Ankündigung der Regierung, ein allgemeines Denkmals für die gefallenen Esten im Zweiten Weltkrieg auf dem Gelände eines Freilichtmuseums in Maarjamägi[22], einem Vorort von Tallinn, zu errichten (Postimees: 22.05.2004), konnte die Gemüter innerhalb der ethnisch estnischen Bevölkerungsgruppe kaum beruhigen, wollten Teile dieser doch auch die estnischen SS-Verbände explizit und nicht nur inklusiv als estnische Freiheitskämpfer anerkannt wissen.

Mitverantwortlich für den massiven Prestigeverlust und die Erosion des Vertrauens von Seiten der Bevölkerung in die Regierung war ein weiteres Ereignis in Lihula. Im Dezember 2004 nahm Premierminis-

22 Das Denkmal in Maarjamägi sollte ursprünglich schon im Jahr 2004 errichtet und eingeweiht werden. Dieser Plan wurde jedoch nicht verwirklicht – das Denkmal, platziert gegenüber einem Gedenkkomplex für sowjetische Soldaten, wurde erst am 8. Mai 2005, dem 60. Jahrestag der Beendigung des Zweiten Weltkrieges, offiziell eingeweiht. Es zeigt eine Landkarte Estlands, auf der die wichtigsten Schlachten des Krieges eingezeichnet sind. Zu dem Komplex gehören auch 16 Gedenktafeln, auf denen die Namen der Einheiten vermerkt sind, in denen Esten an der Seite von Wehrmacht und Waffen-SS gegen die Rote Armee gekämpft haben. Premierminister Andrus Ansip war bei der Einweihung des Mahnmals zugegen, während Präsident Arnold Rüütel, der schon die Feierlichkeiten zum Kriegsende in Moskau am folgenden Tag abgesagt hatte, auch diesem Ereignis fern blieb (Prawda: 27.04.2005).

ter Parts an einer Veranstaltung in der Stadt teil, dessen Bewohner eine Entschuldigung für den als ungerechtfertigt angesehenen Polizeieinsatz im September des Jahres von ihm erwarteten. Im Anschluss an die Veranstaltung wurde bekannt, dass eben jene in Lihula eingesetzte Spezialeinheit der estnischen Polizei, das *K-Komando*, sich auch an jenem Abend in der Nähe des Veranstaltungsortes postiert hatte, um bei möglichen gewalttätigen Ausschreitungen von Seiten der Bevölkerung eingreifen zu können (The Baltic Times: 27.04.2005). Im Oktober 2005 wurde das Denkmal aus Lihula schließlich auf das Territorium des privaten, staatlich geförderten „Museum des estnischen Freiheitskampfs"[23] in Lagedi, einer Stadt in der Nähe von Tal-

---

23 Leihgaben des Museums in Lagedi sind auch im „Museum der Okkupationen und dem Kampf für Freiheit" *(Okupatsiooni ja Vabadusvõtluse Muuseum)* in Tallinn zu sehen, welches seit 2003 durch eine Stiftung betrieben sowie staatlich gefördert wird und die verschiedenen Besatzungen von 1940 bis 1991 behandelt. Mit dem Anspruch gegründet, die Forschungslücken des chronisch unterfinanzierten staatlichen „Estnischen Geschichtsmuseums" *(Eesti Ajaloomuuseum)* zu schließen, widmet sich das Haus intensiv der Sowjetzeit. Knapp fällt allerdings die Darstellung aus, welche die Besetzung Estlands durch das nationalsozialistische Deutschland von 1941 bis 1944 behandelt. Der Holocaust und die Verstrickung von Esten in den Judenmord finden in dem Museum, genau wie im staatlichen Pendant, keine Erwähnung (Frankfurter Rundschau 2007, Estonian History Museum 2008). Vertrieben wird in dem Museum die vierbändige historische Abhandlung des ehemaligen rechtskonservativen estnischen Premierministers und Historikers Maar Laar zur Geschichte Estlands in sieben verschiedenen Sprachen („Streifzug durch die estnische Geschichte", „Der rote Terror: Repressalien der sowjetischen Besatzungsmacht in Estland", „Der vergessene Krieg: Die bewaffnete Widerstandsbewegung in Estland 1944–1956" sowie „Estland im Zweiten Weltkrieg"). Im letztgenannten Buch, in dem ebenfalls das Ausmaß der Beteiligung von Esten an der Judenvernichtung und deren Mitgliedschaft in der SS verharmlost wird, stellt Laar fest: „Die Vernichtung der Juden und die Verwandlung Estlands in eine ‚judenfreie' Zone [...] erfolge auf Befehl der Besatzer und durch die Tätigkeit ihrer Sondereinheiten (Einsatzkommando 1a). Dies befreit die estnischen Staatsbürger, die die Befehle der Okkupationsmacht ausführten, nicht von der Verantwortung für die verübten Verbrechen. Dennoch kann weder der estnische Staat noch das Volk für die Taten eine Verantwortung übernehmen" (Laar 2005: 25). Die Konsequenz, besagte estnische Staatsbürger für deren Taten verantwortlich zu machen, zieht Laar nicht. Auch spricht Laar pauschal allen Esten, die gegen die Rote Armee gekämpft haben, den Status von Freiheitskämpfern zu (Laar 2005: 31). Vertrieben werden die Bücher im Verlag *Grenader* (dt.: Grenadier), in dem eine ganze Reihe einschlägiger Literatur zur estnischen Geschichte im Zweiten Weltkrieg erschienen ist. Karsten Brüggemann bezeichnete frühere Arbeiten Laars über die gegen die Rote Armee gerichtete Guerillabewegung als „betont nationale Form historischer Publi-

linn, verbracht. Bei der feierlichen Einweihung des neuen Exponats war Tiit Madisson als Ehrengast geladen (Poleschtschuk 2007: 12, Frankfurter Rundschau: 11.06.2007).

Ebenfalls im Jahr 2004 wurde für den ehemaligen estnischen Offizier der Waffen-SS, Alfons Rebane, ein Denkmal errichtet. Bereits 1999 waren auf Initiative der estnischen Regierung hin die sterblichen Überreste des Offiziers von Deutschland nach Estland überführt und in einer feierlichen Zeremonie in Tallinn mit militärischen Ehren beerdigt sowie im Jahr 2004 umgebettet worden. Der „estnischer Rommel" genannte Träger des Eisernen Kreuzes zweiter und erster Klasse sowie des Ritterkreuzes des Eisernen Kreuzes mit Eichenlaub hatte sich nach der deutschen Besetzung Estlands in der Wehrmacht hochgedient, arbeitete nach dem Krieg für den britischen Geheimdienst und war 1976 in Augsburg gestorben und beerdigt worden. Die Beerdigung des Veteranen in Estland 1999 hatte für Wirbel gesorgt, da nach Kritik aus Russland an dem bevorstehenden Begräbnis mit allen militärischen Ehren verschiedene estnische Regierungsvertreter entgegen ihrer Zusage doch nicht an den Feierlichkeiten teilnahmen, um weiteren Kontroversen entgegenzuwirken (Central Europe Review: 05.07.1999, Neue Züricher Zeitung: 29.03.2005).
Bei der Einweihung des besagten Denkmals für Rebane, einem massiven schwarzen Metallkreuz mit der Inschrift „Hier begann die Geschichte des Kampfes von Oberst Alfons Rebane (1908-1976)"[24], in der Nähe der estnischen Siedlung Viitna am 18. Mai 2004 war der rechts-konservative Abgeordnete Trivimi Velliste[25] vor Ort und nannte laut des rumänischen Presseforums *Altermedia* in seiner Rede den toten SS-Mann einen „Nationalhelden" (Altermedia 2004, Podrobnosti: 18.05.2004).

---

zistik [...] bei konsequenter Verweigerung der Täterperspektive" (Brüggemann 2006: 34).

24 Originalinschrift: „Siit alustas oma sõjateed kolonel Alfons Rebane (1908-1976)".

25 Trivimi Velliste ist als einer der innerparlamentarischen Protagonisten in den Reihen der Gegner des „Bronzenen Soldaten" Mitglied der konservativen Partei Pro Patria und Res Publica Union und war von 1992 bis 1994 estnischer Außenminister. Velliste war in den 1980er Jahren eine der Galionsfiguren der estnischen Unabhängigkeitsbestrebungen und gründete 1987 die Gesellschaft zum Schutz estnischer Denkmäler. Der russophonen Minderheit in Estland ist sein Ausspruch von 1992 noch präsent, als er sagte, dass rechtlich gesehen der Terminus „Minderheit" nur auf die Russen zutreffen würde, die schon vor 1940 in Estland gelebt hätten. Die Restlichen seien Besatzer (Petersoo 2007: 124).

Die unmittelbare Reaktion auf die Ereignisse von Lihula und die Denkmal-Politik der estnischen Regierung insgesamt war eine großflächige Schändung von sowjetischen Denkmälern, Mahnmalen sowie Ehrenmalen im Verlauf des Jahres 2005 in ganz Estland. Als erstes wurde das Denkmal für Angehörige der Roten Armee in Lihula selbst geschändet, gefolgt von Denkmälern auf der Insel Saaremaa, in den Städten Tallinn, Pärnu, Rakvere, Haapsalu sowie in den Orten Tuudi, Konga, Surju, Mäksa und weiteren. Oft wurden die Denkmäler mit Farbe und dem Slogan „Lang lebe Genosse Parts" in Anspielung auf dessen angebliche Slawophilie verunstaltet. Am frühen Morgen des 9. Mai 2005 wurde der „Bronzene Soldat" zum ersten Mal Ziel einer Attacke von Unbekannten, indem dieser mit roter Farbe bemalt wurde. Im Gegenzug wurde das Hinweisschild auf die am 23. August 1987 stattgefundene Massenveranstaltung im Hirve Park in Tallinn[26] für ein unabhängiges Estland mit einer Swastika beschmiert. Auch wurden in der ostestnischen Stadt Narva[27], welche zu 95% von Angehörigen der russophonen Minderheit bewohnt wird, der deutsche Militärfriedhof geschändet sowie das Denkmal für die Opfer der sowjetischen Luftangriffe im Jahr 1944 gestürzt (Poleschtschuk 2007: 12f.).

Die neue estnische Regierung unter Premierminister Andrus Ansip[28] stand im Jahr 2005 auch wegen ihrer verfehlten Politik in der Aufarbeitung der Nazi-Okkupation weiter unter Druck der jüdischen Gemeinschaft. Nachdem im Dezember 2005 die fünf Jahre dauernden

---

26 Der 23. August 1987 war der 48. Jahrestag des Unterzeichnungsdatums des Hitler-Stalin-Pakts. Auf der Veranstaltung im Hirve-Park wurde zum ersten Mal auf dem Gebiet der Sowjetunion öffentlich gegen die Leugnung der Existenz des Vertrags durch die sowjetische Führung protestiert (Lipinsky 2000: 1133).

27 In Narva wäre der estnische „Krieg der Denkmäler" schon fast im Jahr 2000 ausgebrochen, nachdem dort zum 300-jährigen Jubiläum des Sieges der Schweden über ein russisches Heer Peters des Großen am 19. November 1700 in der ersten Schlacht von Narva das Denkmal eines „Schwedischen Löwen" restauriert wurde. Hier verhinderte jedoch eine erfolgreiche lokale Konfliktprävention mögliche Auseinandersetzungen. Das spätere Begehren der russischen Minderheit, ein Denkmal für Peter den Großen in der Stadt aufzustellen (denn dieser revanchierte sich für die Niederlage durch einen Sieg in der zweiten Schlacht von Narva 1704), ging den Lokalbehörden dann doch zu weit (Burch/Smith 2007: 915ff.).

28 Nachdem die Regierung Parts nach weiteren politischen Fehlgriffen am 24. März 2005 zurückgetreten war, nahm Ansip am 13. April 2005 die Regierungsgeschäfte auf.

Ermittlungen gegen Harry Männil[29] eingestellt worden waren, gab es heftige Reaktionen aus der jüdischen Gemeinschaft in Estland sowie aus Israel und vom Simon-Wiesenthal-Zentrum. Dieses hatte Männil schon 1994 als Mitarbeiter der estnischen politischen Polizei während der Nazi-Okkupation 1941 und 1942 identifiziert und ihm die Verwicklung in den Tod hunderter Juden und Kommunisten angelastet (Eesti Päevaleht: 30.12.2005, Jerusalem Post: 05.01.2006). Nach diesem Ereignis wurde Estland zusammen mit sechs anderen Staaten in dem jährlichen Bericht des Simon-Wiesenthal-Zentrums über den weltweiten Stand der Ermittlungen gegen Nazi-Kriegsverbrecher im Jahr 2006 die schlechteste Bewertung zugeteilt (Jerusalem Post: 24.04.2006).

Laut der russischen Nachrichtenagentur *Regnum* setzten sich im Jahr 2006 „anti-russische" und „faschistoide" Ereignisse in Estland fort. Am 27. Januar wurde auf dem deutschen Soldatenfriedhof in Pärnu eine Gegenveranstaltung zum offiziellen Tag des Gedenkens an die Opfer des Nationalsozialismus abgehalten, bei der mit Hunderten von Kerzen der toten Soldaten gedacht wurde. Von der Schändung eines Mahnmals in dem estnischen Ort Kalevi Liiva, in dem unter der Nazi-Herrschaft im Jahr 1941 Tausende europäische Juden und Kriegsgefangene umgekommen waren (United States Holocaust Memorial Museum 2008), berichtete die Nachrichtenagentur am 12. April 2006. Bei dem Zwischenfall wurde laut *Regnum* „eine große Menge an Exkrementen" von Unbekannten vor dem Mahnmal abgeladen. Am 26. August wurde in dem ostestnischen Ort Mehikoorma ein weiteres Denkmal für estnische SS-Soldaten der 20. Division eingeweiht. Laut *Regnum* wohnten 200-300 Menschen dem Ereignis bei, welches von Veteranen organisiert worden und von den örtlichen Behörden abgesegnet worden war.[30] Am 11. September 2006

29 Männil, der einzige potenzielle Nazi-Kollaborateur, gegen den in Estland überhaupt ermittelt wurde, war noch während des Zweiten Weltkrieges über Finnland nach Venezuela geflüchtet. Aufgrund von Nachforschungen des Simon-Wiesenthal-Zentrums gegen seinen Vorgesetzten 1992 kam Männil 1994 in den Fokus der Ermittlungen. Nachdem in U.S.-Archiven offenbar Beweise gegen Männil entdeckt worden waren, wird er in Venezuela strafrechtlich verfolgt, Costa Rica und die USA haben ihn faktisch zur *persona non grata* erklärt. Die Ermittlungen gegen ihn wurden durch den *Riigiprokurör*, den estnischen Generalstaatsanwalt Heino Tõnismägi eingestellt (Simon-Wiesenthal-Zentrum 2001, Latin American Studies: 01.05.2001, AM Costa Rica: 06.02.2003, Jerusalem Post: 05.01.2006).

30 In einem Kommentar über die in seinen Augen unnötige Kritik Russlands an der Denkmalpolitik in Estland bezeichnete der estnische Schriftsteller

berichtete die Agentur erneut von der Schändung eines Mahnmals für Insassen eines nationalsozialistischen Arbeitslagers im südestnischen Valga (Regnum vom 03.02., 12.04., 02.09., 11.09.2006, zitiert nach Bronze Soldier 2008).

Die Ereignisse von Pärnu und Lihula bereiteten den Boden für die wachsende Spannung zwischen den Volksgruppen in Estland, welche die Kluft zwischen ethnisch estnischen Bürgern auf der einen sowie Angehörigen der russophonen Minderheit auf der anderen Seite wachsen lies und die Sensibilität beider Gruppen für ihre historischen Ansichten verstärkten.

2.2.3 Tallinn

In Reaktion auf die Ereignisse in Lihula begannen im September 2004 die Gegner des „Bronzenen Soldaten" auf dem *Tõnismägi* (Domberg) in Tallinn aktiver zu werden. So forderte beispielsweise die nationalistische Partei *Isamaaliit* (Vaterlandsunion) die Entfernung des Denkmals von städtischem Grund und Boden, worauf die Stadtverwaltung jedoch zunächst nicht reagierte. Als Grund führte die Partei - in Anlehnung an die Kritik an den Denkmälern in Pärnu und Lihula - die Verherrlichung des totalitären Sowjetregimes durch die Statue an, welche ein Symbol für die Leidenszeit der Esten während der sowjetischen Besatzungszeit darstelle. Im Jahr 2005 scheiterte zudem eine Gesetzesinitiative der *Isamaaliit*, welche darauf abzielte, den 22. September als Tag des Einmarsches der Roten Armee im Jahr 1944 als estnischen Trauertag zu deklarieren sowie alle Gedenkveranstaltungen von Veteranenverbänden der Sowjetarmee an diesem Tag zu verbieten, welche den Tag traditionell als Tag der Befreiung Tallinns von der faschistischen deutschen Besatzung feierten. Später wurde das Gesetz doch noch, wenn auch in abgeschwächter Form, beschlossen (Poleschtschuk 2007: 15, Ria Novosti: 22.09.2007).
Auch die konservative Partei *Pro Patria*[31] forderte die Verlegung der Statue, während die von ethnischen Russen geprägte Verfassungspartei *(Konstitutsioonierakond)*, welche die Interessen der russophonen

Enn Nõu das Denkmal von Mehikoorma als „diskretes Denkmal für die mobilisierten, dann gefallenen Esten" (Enn Nõu 2008: 6), womit er eine weit verbreitete Meinung in Estland artikulierte.

31 Am 4. Juni 2006 haben sich die beiden konservativen Parteien *Isamaaliit* und *Pro Patria* zur *Isamaa ja Res Publica Liit* zusammen geschlossen und bündeln damit die politischen Kräfte am rechten Rand.

Minderheit vertritt, vehement gegen eine solche Option votierte und erklärte, das Denkmal unter allen Umständen beschützen zu wollen (Pääbo 2008: 13).

Über den „Bronzenen Soldaten" als ideologischen Streitpunkt in der innenpolitischen Debatte Estlands hinaus versuchten die Parlamentsabgeordneten Trivimi Velliste, Andres Herkel und Mart Nuti von der konservativen Partei *Isamaa ja Res Publica Liit (IRL)* im September 2005, diesbezüglich eine Reihe von Gesetzesinitiativen in das estnische Parlament *Riigikogu* einzubringen.
In einer Interpellation an den Premierminister loteten sie die Möglichkeit der Schaffung eines Gesetzes aus, welches jegliche Form des Kampfes gegen Truppen der UdSSR nachträglich legitimieren und die Teilnehmer als Freiheitskämpfer gesetzlich festschreiben sollte – „inklusive aller Einheiten, welche in Hitlers Armee gekämpft haben"[32] (Regnum: 30.03.2006, Riigikogu: 11.11.2005). In seiner Antwort auf die Interpellation betonte Premierminister Ansip am 7. November 2005 jedoch, dass Personen, welche Kriegsverbrechen oder Verbrechen gegen die Menschlichkeit begangen hätten, für welche diese nach estnischem Recht zu bestrafen seien, nicht den rechtlich einwandfreien Status von Kämpfern für die Befreiung Estlands gesetzlich zugesprochen bekommen könnten (Riigikogu: 07.11.2005).
Einen weiteren Versuch, dieses Gesetz zu initiieren, blockierte die estnische Regierung am 30. März 2006, wobei das Justizministerium auf mögliche Verstimmungen zwischen den ethnischen Volksgruppen verwies (Regnum: 30.03.2006). Allerdings hat Premierminister Ansip dieses Anliegen nach dem Scheitern selbst übernommen und plant, ein solches Gesetz zu initiieren. Dieses soll jedoch Soldaten, die möglicherweise in Kriegsverbrechen und Verbrechen gegen die Menschlichkeit involviert gewesen sind, ausschließen.
Ebenfalls im Jahr 2006 brachte die estnische Presse und eine breite Öffentlichkeit das erste Mal den jährlich stattfindenden Feierlichkeiten zum Ende des Zweiten Weltkrieges auf dem *Tõnismägi* ein gesteigertes Interesse entgegen. Auch die Stadtverwaltung betrachtete die Geschehnisse mit erhöhter Aufmerksamkeit und erlaubte am 9. Mai 2006 zwei Veranstaltungen in unmittelbarer Nähe des Denkmals des „Bronzenen Soldaten" – die traditionelle Kranzniederlegung der Veteranenverbände der Roten Armee sowie als Gegenveranstaltung

---

32 Bei dem geplanten Gesetz handelt es sich de facto um ein Amnestiegesetz, welches die weitere Verfolgung von Kriegsverbrechen der estnischen Kollaborateure mit den Nationalsozialisten unmöglich machen würde.

eine Mahnwache von Gegnern des Denkmals, welche eine estnische Fahne sowie ein Spruchband mit der Aufschrift „Estnisches Volk, vergiss nicht: Dieser Soldat besetzte unser Land und deportierte unser Volk“[33] bei sich trugen. Im Laufe der Veranstaltung wurde die kleine Gruppe der Mahnwache um den Nationalisten Jüri Böhm von der weit größeren Gruppe der Veteranen und deren Unterstützern, zu denen immer mehr junge Leute stießen, abgedrängt. Dabei wurde Böhm eine estnische Flagge aus der Hand gerissen. Die Gruppe ethnischer Esten wurde schließlich von einem Bus der estnischen Polizei evakuiert, um eine Eskalation zwischen den beiden Gruppen zu verhindern (Postimees: 09.05.2006, Brüggemann/Kasekamp 2008: 434).

Ein weiterer nationalistischer Protagonist der Gegner des Denkmals, Jüri Liim, hatte in einer Rede am folgenden Tag (Postimees: 10.05.2006) gedroht, den „Bronzenen Soldaten“ zu sprengen, wenn dieser nicht vor dem 9. Mai 2007 von der Regierung demontiert werde (Jacob 2007: 85, Brüggemann/Kasekamp 2008: 434). Für diese Drohung kam Liim vor Gericht - der oberste Gerichtshof Estlands sprach ihn am 21. Mai 2007 frei (Poleschtschuk 2007: 17).

Die Ereignisse vom 9. Mai 2006 stießen in der estnischen Öffentlichkeit auf Unverständnis, da es den Teilnehmern der Mahnwache nicht möglich war, die mitgeführte estnische Fahne unbehelligt zu tragen. Die Polizei hätte, so der Tenor, die Träger der estnischen Fahne schützen und die sowjetischen Fahnen der Gegenseite einziehen müssen. Zudem wurde die Frage aufgeworfen, warum der Staat bei der Entfernung des Denkmals von Lihula so schnell reagieren konnte, hier jedoch mit seinen Bemühungen nicht vorwärts käme (Postimees: 13.05.2006, Ebd.: 22.05.2006).

Premierminister Andrus Ansip bekräftigte noch am gleichen Tag, er halte nichts von einer Entfernung des Denkmals von seinem angestammten Platz im Zentrum der Stadt, da es sich immerhin um ein Grabmal handele. Auch erklärte die estnische Regierung Ende Mai noch, eine Absperrung oder Bewachung des Denkmals sei nicht erforderlich, die Polizeikräfte hätten besseres zu tun (Eesti Päevaleht: 220.05.2006). Damit ging Ansip konform mit der Meinung der Zentrumspartei, welche die stärkste Kraft in den Gremien Tallinns ist und deren Vorsitzender, der Ex-Ministerpräsident und Bürgermeister von Tallinn Edgar Savisaar, sich ebenfalls strikt gegen einen Abbau des Denkmals ausgesprochen hatte.

---

33 Originaltext: „Eesti rahvas - ära unusta: See sõdur okupeeris meie riigi ja küüditas meie rahva“.

Aufgrund dieser Ereignisse sah sich die nationalistische Rechte Estlands um Tiit Madisson und die eigens im Sommer 2006 gegründete *Eesti Rahvuslik Liikumine*, die „Estnische Nationalbewegung", dazu provoziert, knapp zwei Wochen später eine „patriotische Aktion" an gleicher Stelle durchzuführen. Am 20. Mai 2006 versammelten sich einige hundert Menschen mit estnischen Flaggen um das Monument, darunter auch eine Gruppe Skinheads, ausstaffiert mit deutschen Militärabzeichen, sowie eine kleine Gruppe von russophonen Gegendemonstranten. Diese Veranstaltung verlief friedlich, und trotz der Tatsache, dass es sich um eine nicht genehmigte Veranstaltung handelte, griff die Polizei nicht in das Geschehen ein, sondern leitete erst im Anschluss Ermittlungen gegen Madisson als Organisator ein. Am Abend des gleichen Tages wurde die Statue erneut Ziel einer Farbattacke; diesmal wurde sie von Unbekannten in den Farben der estnischen Flagge beschmiert (Poleschtschuk 2007: 13).
In der darauf folgenden Woche etablierte sich eine Nachtwache, welche von den russophonen Unterstützern des Denkmals organisiert wurde, um weiteren Vandalismus zu verhindern. Diese Organisation mit dem Namen *Notschnoj Dozor*[34], „Wächter der Nacht" (estnisch: *Öine Vahtkond*), verfasste am 24. Mai 2006 eine Erklärung, in der sie ihre Unabhängigkeit von Organisationen und Parteien bekräftigte und vorgab, aufgrund von Ohnmacht und Duldung durch die Behörden in Hinblick auf die Unversehrtheit des Denkmals fortan zwischen 22 Uhr abends und 6 Uhr morgens eine Nachtwache zu etablieren, um gewaltlos die Sicherheit des Monuments zu garantieren (Notschnoj Dozor 2006).

Schon für den 27. Mai 2006 war eine weitere Kundgebung der Gegner des Denkmals geplant, welche ein Picknick in der Innenstadt durchführen wollten. Im Gegenzug mobilisierten sich meist jugendliche Vertreter der russischen Gemeinschaft in Estland gegenseitig, um mit einer Blockade des „Bronzenen Soldaten" die Veranstaltung der nationalistischen Esten unmöglich zu machen. Die Polizei musste mit massiver Präsenz eine gewaltvolle Auseinandersetzung der beiden

---

34 Der Name *Notschnoj Dozor* wurde in Anlehnung an den gleichnamigen Roman von Sergei Lukjanenko von 1998 gewählt, in dem zwei antagonistische Gruppen einen ideologischen Kampf gegeneinander führen, während die „Wächter der Nacht" die gute Seite repräsentieren. Die Verfilmung dieses ersten Teils einer Tetralogie sowie die Fortsetzung sind die erfolgreichsten russischen Kinofilme aller Zeiten. Vgl. Sergei Lukjanenko (2005): Wächter der Nacht. München: Heyne.

Lager verhindern. Zwei Tage zuvor hatte die erstmalige Aussage des Premierministers Ansip, nun doch eine Verlegung des Denkmals zu befürworten, für erheblichen Unmut innerhalb der ethnisch russischen Gemeinschaft gesorgt. Dieses sei, so Ansip am 25. Mai 2006, von einem Monument für Kriegsopfer zu einem Symbol der Okkupation geworden, welches sich gegen die Republik Estland wende. Dafür wurde er sogar von der eher konservativen *Postimees* kritisiert, welche die Entscheidung des Premiers einen Tag später als Gefahr für das friedliche Zusammenleben in Estland sah und titelte, dieser habe mit seinem Stimmungswechsel für eine „Wiedergeburt der Front" zwischen Estland und Russland gesorgt (Postimees: 26.05.2006).

Im Anschluss an die Ereignisse des 27. Mai 2006 änderte Premierminister Ansip seine Meinung, das Denkmal nicht von der Polizei bewachen zu lassen. Per Kabinettsentscheid wurde eine Polizeistreife zur Bewachung des Denkmals abgestellt sowie ein Zaun um den „Bronzenen Soldaten" gezogen (Riigikogu: 09.11.2006). Damit verbunden wurde der Öffentlichkeit jede Form von Demonstration, Meinungsäußerung und Darstellung von nationalen Symbolen wie Flaggen auf dem Areal untersagt[35] (Astrow 2007a: 5). Bis zum 9. Oktober 2006 wurde das Denkmal rund um die Uhr bewacht, bis die Bewachung nach einer kritischen parlamentarischen Anfrage von fünf Abgeordneten der *IRL*, unter ihnen Trivimo Velliste, nach den Kosten der Bewachung wieder aufgegeben wurde. Premier Ansip erklärte im Parlament, sofern die entsprechenden Gesetze den *Riigikogu* passieren würden, wäre mit der baldigen Verlegung des Denkmals das Problem endgültig gelöst (Riigikogu: 09.11.2006).

Im Sommer 2006 hatte Ansip die innerestnische Debatte noch weiter erhitzt. In einer Rede am 8. Juni 2006 bei einem Treffen von estnischen Freiheitskämpfern, welche vornehmlich in der Wehrmacht, der Waffen-SS oder als Guerilla gegen die Rote Armee gekämpft haben, lobte er deren Kampf gegen die Sowjetunion:

> „Your fight is a heroic deed that must be highly admired now and in the future. Although Estonia's independent statehood was not restored at the time, your fight played a large role in the ability of the Estonian nation to keep up their struggle for freedom throughout the Soviet occupation. As you have said

[35] Jüri Estam, einer der estnischen Aktivisten gegen das Denkmal, legte eine formelle Verfassungsbeschwerde gegen diesen Eingriff in die verfassungsrechtlich garantierten Grundrechte ein (SL Õhtuleht: 30.05.2006). Der estnische *Õiguskantsler* („Rechtskanzler", der estnische Ombudsman) Allar Jõks bescheinigte die Beschneidung der konstitutionellen Rechte, sah den Eingriff allerdings als verfassungsmäßig gerechtfertigt an (Astrow 2007a: 5).

among yourselves: we lost the battle, but we won the war in the end!" (Poleschtschuk 2007: 14)

Jedoch waren nicht nur Premierminister Ansip und die konservativen Abgeordneten der *IRL* verantwortlich für eine Polarisierung der estnischen Gesellschaft. Die Zukunft des „Bronzenen Soldaten" und das gesamte geschichtliche Themenfeld wurden seit den Ereignissen im Sommer 2006 in der estnischen Gesellschaft sehr kontrovers diskutiert. In einem von der Stiftung für die Integration von Nicht-Esten *(Mitte-eestlaste Integratsiooni Sihtasutuse)* in Auftrag gegebenen Monitoring-Report für die Monate Mai und Juni 2006 wurde der Einfluss der estnisch- und russischsprachigen Presse in Estland evaluiert. Das Ergebnis spiegelt deutlich wider, dass eine Trennlinie in der Berichterstattung zwischen den ethnischen Zugehörigkeiten klar zu definieren war und so für die fortschreitende Polarisierung der Gesellschaft in Estland mitverantwortlich gemacht werden kann (Poleschtschuk 2007: 14).

Bei früheren interethnischen Kontroversen im Land war der „Runde Tisch für nationale Minderheiten"[36] bemüht gewesen, eine Lösung für alle beteiligten Parteien zu finden. Weder Premierminister Andrus Ansip, noch Präsident Toomas Hendrik Ilves haben es trotz Aufforderungen von ethnisch russischer Seite her nicht in Erwägung gezogen, dieses Instrument des Dialoges in der sich verschärfenden Auseinandersetzung zu bemühen. Seit der Amtsübernahme von Ilves am 9. Oktober 2006 ist der „Runde Tisch" kein einziges Mal einberufen worden (Semjonow 2007: 8).

Auch auf eine Initiative des Stadtrats in Tallinn aus dem Sommer 2006 unter dem Vorsitzenden des Gremiums, Toomas Vitsut, reagierte die estnische Staatsführung nicht. Vitsut wollte einen Dialog mit Vertretern der Regierung initiieren, um eine gemeinsame Lösung erzielen zu können. Paradoxerweise nahm genau einmal ein Vertreter der Regierung an einem Treffen teil - am 26. April 2007, wenige

---

36 Der „Runde Tisch" war 1993 vom damaligen estnischen Präsidenten Lennart Meri nach „starker internationaler Einflussnahme" (Semjonow 2006: 265) als Ort des Dialoges eingeführt worden und erzielte zunächst Erfolge, bis seine Rolle im Laufe der Jahre von ethnisch estnischen Politikern immer mehr marginalisiert wurde (Birckenbach 2000: 34ff.). Neben estnischen Parlamentariern und Vertretern von russischen NGOs gehörten auch Angehörige der kleineren Minderheiten in Estland dem "Runden Tisch" an. Die OSZE (Organisation für Sicherheit und Zusammenarbeit in Europa) sowie die Botschaften der Länder der Europäischen Union unterstützten das Projekt ideell und vor allem finanziell (Semjonow 2006: 260ff.).

Stunden vor der Verlegung des „Bronzenen Soldaten", als wohl alle Entscheidungen schon gefällt waren, war Verteidigungsminister Jaak Aaviksoo als offizieller Vertreter zum Dialog bereit (Semjonow 2007: 8). Aleksander Astrow kommentierte die Zurückweisung von Gesprächen mit der russischen Minderheit durch die estnische Regierung folgendermaßen:

> „Auf die Frage über die Chancen eines Dialoges hin antwortete Ansip erneut, dass ein Dialog von Anfang an unmöglich war, da die Russen einer Verlegung des Denkmals nicht zugestimmt hätten. Das bedeutet, dass Ansip nicht und niemals über die Möglichkeit nachgedacht hat, seine Position zu überdenken. [...] Mit dieser Regierung ist kein Dialog möglich, denn sie kennt nicht den prinzipiellen Unterschied zwischen Dialog und Befehl. Und das Prinzip dieser Regierung, so zumindest hält es Ansip, ist die Zurückweisung jeglichen Dialogs" (Semjonow 2007: 8).

2.3 Gesetzesinitiativen der estnischen Regierung

Im Zuge der wachsenden interethnischen Spannungen um das Denkmal des „Bronzenen Soldaten" hatte die estnische Regierung im Dezember 2006 einen ersten Versuch gestartet, eine gesetzliche Grundlage für die Entfernung des Denkmals aus der Innenstadt Tallinns zu schaffen.

So wurde durch die Regierungskoalition ein Gesetz angekündigt, in dem gleichermaßen der Gebrauch von Symbolen der Nazi- sowie der Sowjetbesatzung verboten werden sollte. Damit wären Hammer, Sichel und der rote, fünfeckige Stern als Symbole des Kommunismus mit dem Hakenkreuz und den SS-Runen des Nationalsozialismus gesetzlich gleichgesetzt worden.[37] Schon vor der ersten Lesung dieses Gesetzes zur Ergänzung des Strafgesetzbuches am 24. Januar 2007 (Riigikoku 2007e) reagierte Russland: Außenminister Sergej Lawrow bezeichnete den Plan der estnischen Regierung, die Sowjetsymbolik der Nazisymbolik gleichzusetzen, als moralisch schändlich. Der Vorsitzende der Kommunistischen Partei Russlands, Gennadi Sjuganow, sprach gar von „der schärfsten Ohrfeige für Russland seit dem Großen Vaterländischen Krieg" (Russland Aktuell 2006).

---

37 Damit wäre Estland der Gesetzgebung in Ungarn und Lettland gefolgt, wo die Sowjetsymbolik seit 1989 bzw. 1991 verboten und der Nazisymbolik gleichgesetzt ist (Russland Aktuell: 01.12.2006). Litauen erließ im Jahr 2008 ebenfalls ein solches Gesetz (Neue Züricher Zeitung: 18.06.2008).

Letztlich kam es nie zu einer zweiten Lesung des Gesetzes, da sich der estnische *Õiguskantsler* Allar Jõks kritisch gegenüber dem geplanten Gesetz geäußert hatte (Astrow 2007a: 5). Jõks erklärte, ein generelles Verbot dieser Symbolik sei zu weitreichend und kaum flächendeckend zu kontrollieren. Damit war zumindest der erste Versuch zur Schaffung einer rechtlichen Grundlage zur Verlegung des „Bronzenen Soldaten" gescheitert.
Dieses geplante, aber nie beschlossene Gesetz wurde in weiten Kreisen der estnischen Gesellschaft als symbolische Politik bewertet, welche den Kern des Problems verfehle. So konstatierte die estnische Tageszeitung *Postimees* bezeichnend:

> „Wie die meisten Verbote weist dieser Beschluss auf eine Schwachstelle der Gesellschaft hin. Durch Verbote und Strafen wird kein einziges Problem gelöst, doch eben dieser Eindruck soll in der Öffentlichkeit entstehen. [...] Das Verbot von Okkupationssymbolen stellt unsere Unfähigkeit unter Beweis, unsere Geschichte aufzuarbeiten. Allerdings ist Estland bei weitem nicht das einzige Land, das hierzu das Strafrecht heranzieht: In manchen Ländern ist sogar die Leugnung des Holocaust [sic!] verboten" (Postimees: 01.12.2006).

Als Reaktion auf den estnischen Gesetzentwurf wurden in Russland symbolisch von der kremlnahen Jugendorganisation „Junges Russland" estnische Fahnen verbrannt. Die Reaktionen in Estland auf diese Vorkommnisse waren erstaunlicherweise durchweg positiv, da diese als integrationsstiftend aufgenommen wurden, wie die Berichterstattung der Zeitung *Eesti Päevaleht* in Anspielung auf die 2006 in der dänischen Zeitung *Jyllands Posten* veröffentlichten Mohammed-Karikaturen und die darauf folgenden gewaltsamen Proteste innerhalb der islamischen Glaubensgemeinschaft verdeutlicht: „Offenbar sind Hammer und Sichel in Russland so heilig wie Mohammed in Marokko [...]. Estland gehört jetzt eben auch zu den Ländern, deren nationale Symbole als verbrennenswert erachtet werden" (Eesti Päevaleht: 13.12.2006).

Ebenfalls im Herbst 2006 bemühte sich die estnische Regierung um die Etablierung eines Gesetzes, um auf dessen Grundlage die begrabenen Soldaten in unmittelbarer Nähe des „Bronzenen Soldaten" exhumieren und umbetten zu können. Dies wurde als Grundvoraussetzung für die Verlegung des Denkmals gesehen, da diese ohne eine Exhumierung für die estnische Regierung zu riskant gewesen wäre.
Am 10. Januar 2007 wurde im *Riigikogu* über das „Gesetz zum Schutz von Militärgräbern" abgestimmt, welches breite Zustimmung fand. Von den 101 Abgeordneten stimmten 66 für das Gesetz, lediglich 6 Gegenstimmen wurden abgegeben (Riigikogu: 11.01.2007). Estland,

welches bilaterale Abkommen mit Deutschland und Finnland, nicht aber mit Russland als Nachfolgestaat der Sowjetunion über den Umgang mit Kriegsgräbern abgeschlossen hat, hat somit eine rechtliche Basis für den weiteren Umgang mit den sowjetischen Kriegsgräbern auf estnischem Territorium geschaffen.
Die Reaktion aus Russland kam umgehend von Michail Margelow, dem Vorsitzenden des Komitees für Auswärtige Angelegenheiten des Föderationsrates, dem russischen Oberhaus. Aufgrund des Gesetzes forderte der Politiker, welcher zu dieser Zeit auch Vizepräsident der Parlamentarischen Versammlung des Europarates (PACE)[38] war, die diplomatischen Beziehungen zu Estland abzubrechen (The Economist: 18.01.2007).
Bis dato war die Zuständigkeit für die Kriegsgräber der sowjetischen Soldaten dem Verband der russischen Gemeinden in Estland zugefallen, welcher direkt aus Moskau finanziert wurde.[39]
Das „Gesetz zum Schutz von Militärgräbern" erlaubte fortan der Regierung die Verlegung von Militärgräbern sowie deren Grabstrukturen und beinhaltet diesbezüglich eine weitgehende Interpretation des Ersten Zusatzprotokolls über den Schutz der Opfer internationaler bewaffneter Konflikte von 1977 zu den Genfer Konventionen von 1949.[40] Um nicht gegen geltendes Völkerrecht zu verstoßen musste

38 Von russischer Seite wurde diese Kritik an Estland als Grund dafür genannt, dass Margelow im Januar 2008 nicht zum Präsidenten des PACE gewählt wurde, wie dies turnusmäßig hätte geschehen sollen. Stattdessen wurde in dieser Frage eine Neuregelung getroffen, die in Russland teilweise als ein russlandfeindlicher Akt angesehen wurde (The Moscow Times: 17.01.2008).

39 Nachdem die estnische Regierung die sowjetischen Soldaten exhumiert und das Denkmal verlegt hatte, stellte Russland allerdings die Förderung des Verbandes ein. Dies begründete die russische Botschaft in Tallinn damit, dass „für die Pflege der Gräber in der Regel von dem Staat gesorgt wird, in dem sie sich befinden. Und dafür muss ein Abkommen unterzeichnet werden" (Ria Novosti: 22.09.2007). Eine Initiative für ein solches Abkommen mit Estland hat es seit der Ereignisse in Tallinn im April 2007 allerdings aus Moskau nicht mehr gegeben, obwohl man dort im Februar 2007 der bevorstehenden Aktion der Exhumierungen der Gefallenen noch schnell mit einem bilateralen Abkommen zuvor kommen wollte, welches dann aber nicht mehr zustande kam (Regnum: 09.02.2007).

40 Dort heißt es in Paragraph 34, dass ein Land nur dann zur Exhumierung von sterblichen Überresten von Angehörigen eines anderen Landes auf eigenem Territorium berechtigt ist, wenn dafür ein Antrag des Heimatlandes oder ein vom Heimatland unterstützter Antrag von Verwandten der Toten vorliegt oder „wenn die Exhumierung im zwingenden öffentlichen Interes-

die estnische Regierung bei der zukünftigen Anwendung des Gesetzes ein zwingendes öffentliches Interesse an der Exhumierung der Soldaten unterstellen.
Durch diese legislative Übertragung der Verantwortlichkeit für Militärgräber von den jeweiligen Kommunen, im Fall des „Bronzenen Soldaten" der Stadt Tallinn, auf das estnische Verteidigungsministerium umging die estnische Regierung die Mehrheit im munizipalen Stadtrat Tallinns gegen eine Exhumierung der Begrabenen.

Am 15. Februar 2007 unternahm die estnische Regierung den zweiten Versuch der Schaffung eines Gesetzes für die Verlegung des „Bronzenen Soldaten". Das „Gesetz über die Demontage verbotener Bauwerke" wurde vom estnischen Parlament mit einer knappen Mehrheit von 46 zu 44 Stimmen beschlossen, was einer Niederlage für Premier Ansip gleich kam, da ihm bei diesem prestigeträchtigen Projekt auch Stimmen aus der eigenen Partei versagt blieben (Astrow 2007a: 5). Dieses Gesetz sollte dem Justizminister fortan erlauben, über Errichtung und Demontage von Bauwerken zu entscheiden, welche Staaten, Armeen oder Einzelpersonen glorifizieren, die Estland in der Vergangenheit besetzt hatten. Der „Bronzene Soldat" wurde in einer Klausel des Gesetzes, welches de facto mehr einer Einzelfallregelung entsprach, explizit erwähnt und sollte nach der Ratifizierung durch den estnischen Präsidenten innerhalb von 30 Tagen[41] verlegt werden (Riigikogu: 15.02.2007).
Im Anschluss weigerte sich allerdings Präsident Toomas Hendrik Ilves, das Gesetz zu unterschreiben, da es seiner Meinung nach gegen die estnische Verfassung verstoße. Er sah in dem Gesetz und der explizit vorgeschriebenen Verlegung des Denkmals eine verfassungswidrige Einmischung der Legislative in die Belange der Exekutive, weshalb er letztendlich seine Unterschrift verweigerte. Auch kritisierte Ilves das Abstimmungsverhalten der Parlamentarier, welche über die verfassungsrechtlichen Probleme des umstrittenen Gesetzes genau Bescheid wüssten (Präsident der Republik Estland 2007a, Eesti Päevaleht: 15.02.2007). Damit waren die Bemühungen

---

se geboten ist, unter anderem aus Gründen der Gesundheitsvorsorge und zum Zweck der Nachforschung" (Randelzhofer 1991: 629f.).

41 Nach Angaben von Alexander Astrow soll Premierminister Ansip von Vertretern der damals noch in der Opposition angesiedelten *IRL*, Tõnis Lukas und Taavi Veskimägi, gedrängt worden sein, neben der Erwähnung des „Bronzenen Soldaten" auch den genannten Zeitraum mit in den Gesetzentwurf aufzunehmen (Astrow 2007a: 5f.).

der Regierung Ansip, eine rechtliche Grundlage für die intendierte Verlegung des Denkmals zu schaffen, abermals gescheitert.
Der Vorsitzende des Rechtsausschusses im *Riigikogu*, Väino Linde, Mitglied von Premierminister Ansips Partei *Reformierakond*, hatte vor der letzten Lesung des Gesetzes im Parlament diesem empfohlen, trotz der Diskussion um die Verfassungskonformität das Gesetz anzunehmen, was er „aus einem ‚höheren Interesse' des Staates heraus" begründete (Astrow 2007c: 104). Nach der Ablehnung durch den Präsidenten ging das Gesetz an das Parlament zurück; dies geschah allerdings erst im Mai 2007, nachdem der „Bronzene Soldat" schon verlegt worden war. Diesmal empfahl Linde den Parlamentariern jedoch, das Gesetz aus verfassungsrechtlichen Gründen nicht anzunehmen (Astrow 2007a: 6).

Ebenfalls am 15. Februar wurde das „Gesetz über öffentliche und nationale Feiertage" ergänzt, was rechtskonservative Parteien mit verschiedenen Initiativen schon seit 2004 versucht hatten, um eine „Wiederherstellung der terminologisch-historischen Gerechtigkeit" vorzunehmen (Ria Novosti: 22.09.2007). Der ursprüngliche Plan, den 22. September, welcher in der Sowjetzeit und nach 1991 von der russophonen Minderheit in Estland als „Tag der Befreiung Tallinns von der faschistischen deutschen Besatzung" gefeiert wurde, als einen nationalen Trauertag zu deklarieren und an dem Tag alle öffentlichen Veranstaltungen in Zusammenhang mit dem Gedenken des Einmarschs der Roten Armee am 22. September 1944 zu verbieten, scheiterte mehrere Male im Parlament (Poleschtschuk 2007: 15). Auch die offizielle Einrichtung eines „Gedenktages für den Widerstandskampf" in Erinnerung an die vier Tage Unabhängigkeit unter Premierminister Otto Tief im September 1944 mit demselben Demonstrationsverbot für prosowjetische Gedenkveranstaltungen fand keine Mehrheit im *Riigikogu* (Riigikogu: 22.11.2005). Im Februar 2006 versuchten sich dann nicht die rechtskonservativen Parteien, sondern die damalige Koalition einer bürgerlichen Mitte an einer Regelung, den 22. September diesmal als „Tag des Gedenkens der mit der Okkupation verbundenen Leiden" festzuschreiben, was ebenfalls keine Mehrheit fand (Poleschtschuk 2007: 15). Am 15. Februar 2007 war es schließlich soweit: Ein Gesetzentwurf, wiederum von der nun vereinten rechtskonservativen *IRL* eingebracht, fand eine Mehrheit von 63 zu 8 Stimmen im estnischen Parlament und deklarierte den 22. September fortan als „Tag des Widerstandskampfes" ohne weitergehende Regelungen bezüglich der zuvor geplanten Beschneidung der Versammlungsfreiheit (Riigikogu: 15.02.2007).

So war es der estnischen Regierung noch vor den Parlamentswahlen am 4. März 2007 gelungen, zumindest die gesetzliche Grundlage für eine Exhumierung der begrabenen Soldaten zu schaffen. Umfragen zufolge war diese Eile jedoch unbegründet, da sich bei den Wahlen eine konservative Mehrheit abzeichnete, welche noch intensiver gegen einen Verbleib des Denkmals an seinem angestammten Ort arbeiten würde.
Am 12. April 2007 wurde durch den *Riigikogu* eine Verfassungsänderung beschlossen, der alle 93 anwesenden Abgeordneten zustimmten. Mit dem Votum wurde die Stellung der estnischen Sprache als „Träger der estnischen Kultur und der nationalen Identität" hervorgehoben und in die Präambel der Verfassung eingearbeitet, womit ein mehrjähriges Projekt abgeschlossen wurde, da einer Verfassungsänderung dieser Art mindestens 60% der Parlamentsabgeordneten dreier aufeinander folgenden Legislaturperioden zustimmen müssen (Riigikogu: 12.04.2007).[42]

2.4 Die estnischen Parlamentswahlen vom 4. März 2007

Ein sehr wichtiger Faktor bei der Analyse der Ereignisse ist der im Herbst 2006 einsetzende Wahlkampf und die folgenden estnischen Parlamentswahlen am 4. März 2007, in dem die Diskussionen um eine mögliche Verlegung des „Bronzenen Soldaten" eine wichtige Position einnahmen.
Nach dem Schwenk von Premierminister Ansip und seiner Estnischen Reformpartei *(Eesti Reformierakond)* im Sommer 2006 von der Gegnerschaft einer Verlegung des „Bronzenen Soldaten" hin zu den größten Befürwortern und damit der Übernahme der fundamental konservativen, nationalistischen und antirussischen Position der rechten Partei Pro Patria und Res Publica Union *(IRL)* wurde die Reformpartei mit 27,8% der Stimmen zur stärksten Kraft in Estland und gewann mehr als zehn Prozentpunkte hinzu.
Das erst 2006 gegründete konservative Parteienbündnis *Isamaa ja Res Publica Liit (IRL)* um den konservativen Historiker[43] und ehemaligen

---

42 In der Diskriminierung der russophonen Minderheit spielt der Faktor Sprache als Medium kultureller Standardisierung in Estland neben der Staatsbürgerschaftspolitik und der ökonomischen Diskriminierung ebenfalls eine wichtige Rolle. Vgl. dazu exemplarisch Dittmer 2003: 63ff.

43 Einige konservative Politiker in Estland sind haupt- oder nebenberufliche Historiker, bedienen mit ihren Publikationen vor allem nationalistische Strömungen und stellen durch ihren „privilegierten Zugang zur Interpreta-

Premierminister Mart Laar, welches bis dahin zusammen mit der Zentrumspartei mit der größten Anzahl an Sitzen (jeweils 28) im *Riigikogu* vertreten war, konnte die Ausdehnung der Reformpartei nach rechts auch durch Fortsetzung schärfster Agitation gegen Savisaar und seine Zentrumspartei nicht auffangen. Die Partei verlor 14%[44] der Wählerunterstützung, was sie mit 17,9 Prozentpunkten auf den dritten Platz wegbrechen ließ. Aus den vorherigen Parlamentswahlen von 2003 war die als populistisch einzustufende Partei *Res Publica* mit dem Slogan *„Vali kord!"*, „Wähle die Ordnung" als Überraschungssiegerin hervorgegangen, als diese 24,6% der abgegebenen Stimmen bekam. Dieser Erfolg war vor allem ihrer scharfen Rhetorik gegen die in ihren Augen korrupte und populistische „Linke" um Savisaar und das gesamte politische Establishment sowie mit law-and-order-Parolen und einer Nulltoleranz-Haltung geschuldet (Sikk 2003: 9f., Lagerspetz/Vogt 2004: 68).

Die Estnische Zentrumspartei *(Eesti Keskerakond)* mit Tallinns Bürgermeister Edgar Savisaar an der Spitze gewann bei den Wahlen leicht hinzu und verbesserte sich um 0,7% auf nunmehr 26,1% und platzierte sich damit nur knapp hinter der Reformpartei (Estnisches Nationales Wahlkomitee 2007). Mit seiner Position, das Denkmal in der Innenstadt Tallinns zu belassen, und vor allem seit einem Kooperationsvertrag der Zentrumspartei mit der vom jetzigen russischen Premierminister Wladimir Putin angeführten russischen Staatspartei Einiges Russland *(Edinaja Rossija)* war Savisaar, früher Mitglied der Kommunistischen Partei Estlands, ein Großteil der Stimmen der russischen Minderheit in Estland sowie der estnischen Linken sicher (Spolitis 2007: 3). Der ehemalige Vorsitzende der Partei „Einiges Russland" und Vorsitzende der *Duma*, Boris Gryslow, hatte „seinem Freund" Savisaar vor den Wahlen seine Unterstützung ausgesprochen (Kommersant: 27.04.2007).

So betrieb die Zentrumspartei massiv Wahlkampf in russischer Sprache und hatte in Konstantin Kosachew, dem Vorsitzenden des Auswärtigen Ausschusses der russischen *Duma*, sowie in dem ehemali-

tion der Vergangenheit" die klassischen „Gralshüter der Nation" (Berger 2007: 7) dar. Diese Überlappung von Historiker- und Politikerkarrieren, welche sich durch eine gewisse Staatsferne und Politiknähe kennzeichnet, birgt die Gefahr einer „Funktionalisierung der Historie", welche oft als „Waffe für ihre politischen Forderungen" (Berger 2007: 8) eingesetzt wird.

44 Die prozentualen Verluste von 14% ergeben sich aus der Addition der Wahlergebnisse aus den Parlamentswahlen von 2003, bei denen die beiden Parteien *Res Publica* (24,6%) und *Isamaaliit* (7,3%) noch unabhängig voneinander angetreten waren.

gen russischen Premierminister Sergei Stepaschin weitere prominente Fürsprecher in Russland und damit in den russischsprachigen Medien in Estland. Im Gegensatz zu den Parteien, welche explizit den Anspruch der Repräsentierung der russophonen Minderheit hegen, aber schon immer nur marginal in Erscheinung traten[45], erhielt die Partei mutmaßlich auch finanzielle Unterstützung aus Russland[46] (Poleschtschuk 2007: 16f.). Auch ein Medienskandal im Dezember 2006 konnte das gute Abschneiden der Partei nicht verhindern. Die ehemalige russischsprachige Parteizeitung der Zentrumspartei, *Prawo i Prawda* (Recht und Wahrheit), hatte während des Wahlkampfes in einem Artikel mit der Überschrift „Ansip, Velliste und die neuen Nazis" eine Collage veröffentlicht, in der Andrus Ansip und Mart Laar neben einem Soldaten in SS-Uniform dargestellt waren. Die Partei distanzierte sich von dem Organ und erklärte, das Blatt hätte noch nach der Beendigung der Zusammenarbeit illegal deren Emblem geführt.[47] Die Zeitung wurde eingestellt (Poleschtschuk 2007: 16).

Nach den Wahlen formte Premierminister Ansip eine Koalition aus seiner Reformpartei, den National-Konservativen der Partei Pro Patria und Res Publica Union sowie der Sozialdemokratischen Partei *(Sotsiaaldemokraatlik Erakond)*, welche bei den Wahlen 10,6% erreicht

45 Die beiden Parteien mit diesem Anspruch, die Verfassungspartei *(Konstitutsioonierakond)* sowie die Russische Partei in Estland *(Vene Erakond Eestis)*, erlangten bei den Parlamentswahlen 2007 lediglich 1,0% bzw. 0,2%. Zur politischen Beteiligung der russophonen Minderheit und den Einfluss Moskaus vgl. exemplarisch Doroschko, Tatjana (2003): Russian Diaspora Politics in the Context of Estonia: Diaspora Participation in the Policy-Making Process. Tartu: Department of Pubilc Administration.

46 Dieser Ansicht widerspricht der KAPO-Jahresbericht 2006, welcher die Verfassungspartei als massiv von finanzieller und ideologischer Unterstützung aus Moskau und der russischen Botschaft in Tallinn abhängige Institution beschreibt (KAPO-Yearbook 2006: 5). Der relevante Unterschied ist jedoch nicht der prozentuale Anteil der Fremdmittel der Parteien, sondern die ungleich höhere, absolute Unterstützung der Zentrumspartei aus russischen Geldquellen, welche in dem Bericht der Geheimpolizei keine Erwähnung findet.

47 Eine Beteiligung der Partei an dem Skandal ist jedoch möglich. Die Zentrumspartei von Edgar Savisaar ist laut Kai-Olaf Lang als populistisch einzustufen (Lang 2005: 145). Der Partei als politische Interessensvertretung der Unterschicht sowie der russischsprachigen Minderheit wird schon seit ihrer Gründung ein polarisierender und simplifizierender Stil vorgeworfen (Sikk 2003: 11).

hatte und damit die ländlich und agrarisch orientierte Estnische Volksunion *(Eestimaa Rahvaliit)* als Juniorpartner der Drei-Parteien-Koalition ablöste. Somit besitzt die Regierungskoalition im *Riigikogu* eine stabile Mehrheit von 60 der 101 Sitze und repräsentiert 56,3% der abgegebenen Stimmen. Dies wurde von der Regierungskoalition als klares politisches Mandat für die Exhumierung der am Denkmal begrabenen Soldaten der Roten Armee sowie für die anschließende Verlegung des Denkmals gewertet, auch wenn im Vorfeld der Parlamentswahlen nicht alle rechtlichen Vorraussetzungen dafür geschaffen werden konnten.

Nach den Parlamentswahlen im März 2007 verzeichnete das estnische Meinungsforschungsinstitut *TNS Emor* in einer Umfrage im April eine signifikante Spaltung der estnischen Gesellschaft bezüglich des Ausgangs der Wahl und der neuen Regierungskoalition. Die neue Regierung wurde von 77% der ethnisch estnischen Bevölkerung unterstützt, während lediglich 21% der russophonen Minderheit diese Konstellation befürworteten (Poleschtschuk 2007: 17).

3 Die Verlegung des „Bronzenen Soldaten"

Nachdem sich am 13. März 2007 auch die estnische Kommission für Kriegsgräber für einen baldigen Beginn der Umbettung der begrabenen Soldaten ausgesprochen hatte, kündigte Premierminister Ansip am 25. April den baldigen Start der Exhumierung der neben dem Denkmal begrabenen sowjetischen Soldaten an. Allerdings, so versicherte er laut der russischen Nachrichtenagentur *Ria Novosti*, werde das Denkmal, wenn überhaupt, erst nach dem 9. Mai und den damit verbundenen Feierlichkeiten der russophonen Minderheit im Gedenken an das Ende des Zweiten Weltkrieges verlegt werden. Für die Verlegung des Denkmals gebe es noch keine konkreten Pläne (Ria Novosti: 25.04.2007). Dieser Erklärung des alten und neuen estnischen Regierungschefs wurde in der russischstämmigen Bevölkerung Estlands und in der Öffentlichkeit in Russland keinerlei Glauben geschenkt, da Ansip sich am Tag zuvor während einer Aussprache im *Riigikogu* in Misskredit gebracht hatte. Nachdem dieser vor den Abgeordneten die Notwendigkeit der Exhumierungen betont hatte, kolportierte er Gerüchte[48], unter dem Denkmal lägen sowjetische Soldaten begraben, welche nach der Eroberung Tallinns und dem folgenden Gelage betrunken von den eigenen Panzern überrollt worden seien oder es handele sich um die Überreste von Soldaten, welche nach Plünderungen in der Stadt von den eigenen Truppen exekutiert worden seien (Regnum: 24.04.2007).

Ebenfalls am 25. April 2007 veröffentlichte die Tageszeitung *Eesti Päevaleht* eine Umfrage des estnischen Meinungsforschungsinstituts *Turu-uuringute AS*, welches zwischen dem 5. und 22. April die estnischen Bürger über ihre Meinung zu einer möglichen Verlegung des „Bronzenen Soldaten" befragt hatte. Dabei waren lediglich 37% der Bevölkerung für eine Verlegung, während 49% sich gegen die Verlegung des Denkmals aussprachen. Innerhalb der ethnisch estnischen Bevölkerung befürworteten 49% eine Verlegung, während lediglich 9% der russischstämmigen Einwohner diese unterstützten. Die unmittelbar betroffenen Bürger Tallinns, von denen knapp die Hälfte russischstämmig ist, sprachen sich mit insgesamt 57% gegen eine Verlegung aus (Eesti Päevaleht: 25.04.2007, Postimees: 25.04.2007b).

---

48 Sicher ist lediglich, dass die Soldaten der Roten Armee nicht, wie die sowjetische Propaganda behauptete, im „Kampf um Tallinn" mit den Nazis gefallen sein können, da es einen solchen nicht gegeben hat (Vgl. Kapitel 5.2). Für eine genaue Darstellung der verschiedenen Versionen der Geschichte um die Begrabenen auf dem Domberg siehe Kaasik 2006a: 13f.

Im Morgengrauen des 26. April sperrte die Polizei das Denkmal weitläufig ab, während Archäologen unter einem großen Zelt mit der Suche nach den sterblichen Überresten der Soldaten begannen. Drei Aktivisten des *Notschnoj Dozor* mussten nach Angaben der Polizei mit Gewalt aus dem abgesperrten Bereich entfernt werden. In den folgenden Stunden versammelten sich ungefähr 1000 Menschen um die Absperrung. Mehrere Reden wurden gegen die Exhumierung und eine mögliche Verlegung des Denkmals gehalten. Bis auf einige Festnahmen wegen verbaler Beleidigungen gegenüber der Polizei verlief der Tag ruhig. Bei Einbruch der Dunkelheit begannen einzelne der bislang friedlichen Demonstranten, mit leeren Flaschen und Steinen auf die anwesenden Sicherheitskräfte zu werfen. Auch gab es, wie die russische Tageszeitung *Kommersant* in einem Artikel mit dem Titel „Estland begräbt seine Beziehungen zu Russland" vermeldete, mehrere Versuche, die Absperrungen der Polizei zu überwinden (Kommersant: 27.04.2007).
Trotz der Anwesenheit weiterer Polizeieinheiten aus ganz Estland und der Versicherung von Innenminister Jüri Pihl vor dem *Riigikogu,* die Exekutivorgane seien im Vorfeld des 9. Mai bestens vorbereitet und aufeinander abgestimmt (Riigikogu: 12.04.2007), kam es im Anschluss zu Randale und Plünderungen in der gesamten Innenstadt von Tallinn. Autos wurden angezündet, öffentliche Einrichtungen sowie Büro- und Wohnhäuser verwüstet, Geschäfte, Bars und Kiosks geplündert. Neben Konfrontationen zwischen Randalierern und Sicherheitskräften soll es auch vereinzelt zu Gewalt zwischen zumeist jugendlichen Russen und Esten[49] gekommen sein, welche - teilweise mit der jeweiligen Nationalflagge ausgestattet - marodierend durch die Innenstadt zogen (Poleschtschuk 2007: 17). Die Lage beruhigte sich erst wieder nach Mitternacht, nachdem die Sicherheitskräfte über 300 Demonstranten festgenommen hatten. Am nächsten Morgen erklärte die Polizei, über die Festnahmen hinaus seien 57 Verletzte, darunter 14 Polizisten, und 99 Akte von Vandalismus registriert worden. Außerdem starb in der Nacht der zwanzigjährige Dmitri Ganin, ein russischer Staatsbürger mit ständigem Aufenthaltsrecht in Estland, an den Folgen einer Stichverletzung in einem städtischen Krankenhaus[50] (Postimees: 27.04.2007).

---

49 Die Behauptung von Carmen Scheide, dass die gewalttätigen Unruhen ausschließlich „zwischen russischen und estnischen Jugendlichen" (Scheide 2008: 126) ausgebrochen seien, ist somit nicht haltbar.

50 Damit ging Ganin als erster Toter in Auseinandersetzungen zwischen der Staatsmacht in Estland und der Bevölkerung in die Geschichte ein. Weder während der Unabhängigkeitsbewegung unter sowjetischer Herrschaft,

In einer Dringlichkeitssitzung gegen vier Uhr am frühen Morgen des 27. April befand die estnische Regierung, das Denkmal müsse aufgrund der Ereignisse als Grund für den Ausbruch der Gewalt sofort abgebaut und vorerst an einen geheimen Ort gebracht werden, um die Lage zu beruhigen und weitere Gewalt zu vermeiden. Später solle das Denkmal dann auf den Soldatenfriedhof in Tallinn gebracht werden, auf dem auch die sterblichen Überreste der Soldaten der Roten Armee ihre letzte Ruhe finden sollten (Eesti Päevaleht: 27.04.2007, SL Õhtuleht: 24.04.2007). Damit beschloss die estnische Regierung die Verlegung des Denkmals, ohne vorher eine gesetzliche Grundlage dafür geschaffen zu haben[51], und begründete dies mit einer vorliegenden Gefährdung der nationalen Sicherheit. Noch in der selben Nacht wurde der „Bronzene Soldat" aus dem Zentrum Tallinns entfernt.

Die Entscheidung der estnischen Regierung zur sofortigen Verlegung des Denkmals brachte Tallinn eine weitere Nacht von Straßenschlachten. Am Abend des 27. April flammte die Gewalt erneut auf. Nachdem die Polizei tags zuvor mit Wasserwerfern und Feuerlöschern gegen die Randalierer vorgegangen war, benutzte sie jetzt auch Tränengas sowie Gummigeschosse. Die meist jugendlichen Randalierer warfen ihrerseits mit Molotowcocktails.
Auch in Jõhvi, der Hauptstadt der durch die russophone Minderheit dominierten Region Ida-Viru im Nord-Osten des Landes, sowie in der Stadt Kohtla-Järve kam es zu gewalttätigen Auseinandersetzungen. Auch wurde in Jõhvi das Denkmal eines estnischen Generals, welcher im Unabhängigkeitskrieg Estlands von 1918-1920 gegen

---

noch nach der Wiederherstellung der staatlichen Souveränität gab es in Estland Opfer während gegen die Staatsmacht gerichteter Kundgebungen. Die Ermittlungen in dem Todesfall wurden mittlerweile eingestellt, festgenommene Verdächtige mussten aus Mangel an Beweisen wieder freigelassen werden. Einer Legendenbildung um Ganins Tod als Märtyrer wirkte der Polizeibericht des Vorfalls entgegen, welcher belegt, dass keine Beteiligung von ethnischen Esten an der Tat nachgewiesen werden konnte und dazu in den Taschen des Opfers gestohlene Gegenstände aus geplünderten Geschäften gefunden wurden (Eesti Päevaleht: 02.05.2007).

51 Trotz des Scheiterns des „Gesetzes über die Demontage verbotener Bauwerke" an der verweigerten Unterschrift durch Präsident Ilves konstatiert die estnische Geheimpolizei in ihrem Jahresbericht 2007, neben den Exhumierungen wäre auch die Verlegung des Denkmals gesetzlich abgesichert gewesen: „According to the laws relocation of the monument and reburial of the remains was organized under the leading of the Ministry of Defense" (KAPO-Yearbook 2007: 8).

bolschewistische Truppen gekämpft hatte, in Brand gesteckt (BBC News: 28.04.2007).
Die Bilanz der beiden gewalttätigen Nächte in Tallinn verzeichnet über 1000 Festnahmen und insgesamt 156 Verletzte, davon einige Dutzend Polizisten. Die Kapazitäten der estnischen Polizei waren erschöpft, weswegen viele der Festgenommenen in einen Hangar des Hafens in Tallinn verbracht wurden, um erkennungsdienstlich behandelt zu werden, wobei die estnische Polizei zahlreichen Zeugenaussagen zufolge mit äußerster Härte und Brutalität vorgegangen sein soll (siehe Kapitel 3.1). Der 28. April verlief ruhig, die Polizei hatte die Ordnung wieder hergestellt.
In russischsprachigen Internetforen kursierte seit diesem Tag eine Deklaration einer „Armee des russischen Widerstandes" mit dem Namen *Kolyvan*[52], in der alle russischstämmigen Männer in Estland aufgerufen wurden, am 9. Mai zu den Waffen zu greifen und bewaffneten Widerstand gegen die Staatsmacht zu organisieren, sollte die Regierung in Tallinn nicht bis zum 3. Mai allen Staatenlosen die estnische Staatsbürgerschaft garantieren. Als Autor der Deklaration wurde von der estnischen Geheimpolizei ein russischer Staatsbürger in Russland ausgemacht, allerdings verweigerte die russische Staatsanwaltschaft laut Jahresbericht der Geheimpolizei die Zusammenarbeit (KAPO-Yearbook 2007: 1).

3.1 Vorgehen der Sicherheitskräfte

Das Vorgehen von Polizei- und Sicherheitskräften[53] während der Unruhen in Tallinn, vor allem die Festsetzung von festgenommenen Demonstranten und unbeteiligten Passanten im „Terminal D", einem Hangar des Hafens von Tallinn, und der danach erfolgten Abschmetterung von Beschwerden gegen dieses Vorgehen bilden einen weiterer Aspekt des eskalierten Denkmalstreits in der estnischen Haupt-

---

52 Kolyvan ist ein altrussischer Name für die Stadt Tallinn.

53 Während der Polizeieinsätze in Tallinn wurde auch die *Kaitseliit* (Schutzbund), eine Freiwilligeneinheit, eingesetzt. Das LICHR beschreibt den Schutzbund als „paramilitärische Organisation" (LICHR 2007: 38), als Heimwehrverband ist dieser aber offiziell einer der vier Teilstreitkräfte der estnischen Armee. Der *Kaitseliit* sind neben der *Naiskodukaitse* ("Frauenheimwehr") auch die patriotischen, pfadfinderartigen Jugendorganisationen *Noored Kotkad* ("Junge Adler") und *Kodutütred* ("Heimattöchter") zugeordnet. Die *Kaitseliit* gibt das Periodikum *Kaitse Kodu* ("Schütze die Heimat") heraus (Kaitseliit 2008).

stadt. Die Menschenrechtsorganisation LICHR wirft der Polizei massive Menschenrechtsverletzungen und der Judikative eine Verletzung eines elementaren Menschenrechts vor - die Verwehrung des Zugangs zu wirksamer Rechtsbeihilfe, zu unparteiischen Gerichten sowie die Verweigerung des Rechts auf ein faires Verfahren (Semjonow 2007: 7ff.).

Zumeist junge Menschen, viele der russischen Minderheit angehörend[54], welche während der Randale in der Tallinner Altstadt von den Polizeikräften in das Terminal D oder andere, so genannte „Filtrationspunkte" der Polizei verbracht worden waren, berichteten von untragbaren Verhältnissen und Misshandlungen während ihrer Verhaftung und in der Untersuchungshaft. Außerdem gab es an dem Abend und in der Nacht kein Verbot von offizieller Seite, das Zentrum von Tallinn zu betreten. Trotzdem wurden neben Randalierern auch eine hohe Anzahl an Fußgängern und Schaulustigen festgenommen, ohne dass diesen eine Straftat vorgeworfen werden konnte. Festgenommene berichteten davon, im Terminal D über Stunden hinweg auf dem Betonboden mit Handschellen oder Kabelbindern fixiert gewesen zu sein, teilweise mit der Stirn auf dem Boden kauernd. Auch wurden Häftlinge Berichten zufolge teils ohne Grund von der Polizei geschlagen, und in einigen Fällen wurde über Stunden der Zugang zu sanitären Anlagen, die Versorgung mit Trinkwasser sowie eine Informierung von Angehörigen über den Verbleib der Untersuchungshäftlinge verwehrt (LICHR 2007: 29ff.).

Gemäß den offiziellen Zahlen der Polizei-Präfektur von Põhja, welche für Tallinn zuständig ist, wurden über 1160 Menschen zumindest kurzzeitig festgenommen und erkennungsdienstlich behandelt, unter ihnen ungefähr 700 Passanten, die nicht in Straftaten verwickelt waren. Unter den fast 1200 Festgenommenen waren 494 estnische Staatsbürger, 85 russische Staatsbürger und 308 staatenlose Personen mit unbefristeter Aufenthaltsgenehmigung in Estland. In den beiden Nächten der Eskalation waren 148 verschiedene Einrichtungen in der Innenstadt beschädigt worden (Poleschtschuk 2007: 18).

Nach Angaben der estnischen Staatsanwaltschaft resultierten aus den Verhaftungen der beiden gewaltsamen Nächte 62 Verfahren, welche am 18. Mai 2007 eröffnet wurden. Anklage erhoben wurde unter anderem wegen Verletzung der öffentlichen Ordnung, Missachtung

54 In der ersten Nacht der Randale vom 26. auf den 27. April waren unter den Festgenommenen unbestätigten Quellen zufolge angeblich rund ein Drittel ethnische Esten, was sich allerdings in der zweiten Nacht relativiert haben dürfte (Poleschtschuk 2007: 17).

von Amtspersonen, Verletzung der Totenruhe, Organisation von Massenunruhen, gewaltsamer Störung der Unabhängigkeit und Souveränität der Republik Estland sowie Mord. Gegen über 300 Personen wurde ermittelt, 50 Verdächtige wurden inhaftiert, unter ihnen vier Bürger der Russländischen Föderation und ein Bürger der Republik Litauen.
In einem Interview mit der russischsprachigen estnischen Lokalzeitung *Vesti Dnja*, welches am 21. Mai 2007 erschien, sprach der estnische Innenminister Jüri Pihl noch vor dem Beginn von Ermittlungen der Staatsanwaltschaft gegen die Polizeikräfte wegen deren angeblichen Verfehlungen während der Randale und der Untersuchungshaft die eingesetzten Beamten pauschal von allen Vorwürfen frei.

> „I know that the enemies of Estonia did not think that we have so many policemen and that they are so professional[55]. They did not take into account that we have the force to solve the issue. That is why now they are looking for an opportunity to blame the police for abuse. But there was none." (Vesti Dnja zitiert nach Poleschtschuk 2007: 18)

So wurde nach dem Ende der polizeilichen Ermittlungen rund um die beiden Krawallnächte in Tallinn möglicherweise begangenen Straftaten durch Polizei- und Sicherheitskräfte kaum mehr nachgegangen. In den estnischen Medien und der Öffentlichkeit war dieses Thema nur am Rande präsent. Die Tatsache, dass auf Anweisung der Polizeipräfektur in Tallinn vom 30. April bis zum 11. Mai 2007 alle Zusammenkünfte und Demonstrationen in der Stadt untersagt waren, was eine Außerkraftsetzung von verfassungsmäßig garantierten Rechten wie Versammlungs- und Meinungsfreiheit bedeutete, fand ebenfalls kaum einen Niederschlag in der Öffentlichkeit und den Medien (Semjonow 2007: 7).

3.2 Besetzung der estnischen Botschaft

Als Reaktion auf den Abbau des „Bronzenen Soldaten" in Tallinn begannen Aktivisten der kremlnahen russischen Jugendorganisation *Naschi* (Die Unsrigen) und anderen russischen Jugendorganisationen

---

55 Aufgrund der Tatsache, dass trotz des Zusammenziehens von Polizeikräften aus ganz Estland im Vorfeld der (angeblich spontan entschiedenen) Verlegung des Denkmals die zwei gewaltsamen Nächte in der Tallinner Innenstadt nicht verhindert werden konnten, kann man wohl nur schwer von einer ausreichenden Anzahl an Sicherheitskräften sowie deren Professionalität sprechen.

am 27. April 2007 mit der Besetzung der estnischen Botschaft in Moskau[56]. Im Verlauf der einwöchigen Aktion, welche offensichtlich durch die russischen Behörden geduldet und wohl sogar unterstützt wurde, wurde das Botschaftsgelände blockiert, Mitarbeitern und Gästen teilweise Zu- und Ausgang verwehrt, das Botschaftsgebäude mit Steinen beworfen und die estnische Fahne heruntergerissen und verbrannt. Plakate mit der Aufschrift „Botschaft der faschistischen Republik Estland"[57] (Kommersant: 03.05.2007) wurden an dem Gebäude angebracht.

Die russische Miliz, welche mit dem Schutz des Botschaftsgeländes und der Mitarbeiter betraut ist, griff nicht in allen Fällen pflichtgemäß ein, sondern ließ die Belagerer gewähren. Nach der Wiener Konvention über diplomatische Beziehungen stellte dieses Nicht-Eingreifen eine Verletzung des Völkerrechts dar, da die Regierung in Moskau für den Schutz der ausländischen Vertretungen im Land verantwortlich ist (Internationales Zentrum für Verteidigungsstudien 2007).

Während der Besetzung folgten Teile der *Naschi*-Jugend der damaligen estnischen Botschafterin in Moskau, Marina Kaljurand[58], zu deren offiziellen Terminen, wobei es während einer Pressekonferenz mit dem russischen Magazin *„Argumenti i Fakti"* zu Angriffen auf die Botschafterin und deren Leibwächter kam. In der Nacht auf den 3. Mai kam es sogar zu Schüssen auf Fenster der Botschaft in Moskau sowie auf das estnische Generalkonsulat im westrussischen Pskow (Internationales Zentrum für Verteidigungsstudien 2007, KAPO-Yearbook 2007: 13).

---

56 Fast genau zwei Jahre zuvor, am 24. April 2005, war die estnische Botschaft in Moskau im Rahmen der estnischen Absage der Teilnahme an der Siegesfeier zum 60. Jubiläum des Endes des Zweiten Weltkrieges schon einmal Schauplatz einer patriotischen Jugenddemonstration gegen die angebliche „Rehabilitation des Faschismus" und der Geschichtsfälschung durch „käufliche Wissenschaftler" (Polianski 2005: 12), welche jedoch nicht annähernd von gleicher Qualität und Intensität war.

57 Originaltext: „Посольство фашистского государства Эстонии".

58 Marina Kaljurand residiert noch immer in Moskau, seit dem 26. Oktober 2007 allerdings an anderer Stelle als estnische Sonderbotschafterin und Generalbevollmächtigte für die Republik Kasachstan (Präsident der Republik Estland 2007b). Die russischstämmige Diplomatin hatte das Amt als Botschafterin in der Russländischen Föderation nur 20 Monate inne (im estnischen diplomatischen Dienst normalerweise drei Jahre) und wurde durch den Diplomaten Simmu Tiik ersetzt.

Laut eines Berichts der *Financial Times Deutschland* soll die Abreise der Botschafterin durch ein Telefonat des deutschen Außenministers Frank-Walter Steinmeier mit seinem russischen Amtskollegen Sergej Lawrow ausgehandelt worden sein, um die Krise zu entschärfen. Russland bestritt eine Verwicklung in die Aktion von *Naschi* - nach dem Gespräch der beiden Außenminister wurde die Blockade jedoch sehr schnell eingestellt (Der Spiegel: 03.05.2007).
Die Abreise von Botschafterin Kaljurand am 3. Mai feierten *Naschi* als den Erfolg ihrer Besatzung und verkündeten dies in einer Pressemitteilung vom gleichen Tag:

> „Die Botschafterin des faschistischen Landes, Marina Kaljurand, hat eine der beiden von Naschi angebotenen Varianten gewählt: Eine Entschuldigung oder das Verlassen des Landes. Sie hat die Feigheit gewählt - sie ist abgeflogen" (Naschi 2007).

3.3 Cyberwar[59]

Vom 27. April 2007 bis in den Mai hinein sah sich Estland einer Reihe von organisierten Angriffen auf die elektronische Infrastruktur auf dem Kommunikationssektor des Landes ausgesetzt. Dabei wurde, teilweise von in Russland beheimateten Servern gesteuert, versucht, die Webseiten der estnischen Regierung, des Parlaments, von Ministerien, Banken, Zeitungen, Fernsehanstalten und Parteien lahm zu legen. Auch war Estland für kurze Zeit vom weltweiten Internet abgetrennt.
Der estnische Außenminister Urmas Paet hatte schon wenige Tage nach Beginn der Angriffe russische Behörden für die Übergriffe verantwortlich gemacht, ohne dafür konkrete Beweise zu haben. Der britischen Zeitung *The Times* gegenüber sagte Paet:

---

59 Cyberwar oder Cyberwarfare ist eine Kontamination aus den englischen Wörtern Cyberspace und Warfare und bezeichnet die Auseinandersetzung mit informationstechnologischen Mitteln im virtuellen Raum. Das *U.S. Army Cyber Operations and Cyber Terrorism Handbook* definiert Cyberkrieg bzw. Cyberterrorismus dem FBI folgend wie folgt: „Cyberterrorismus ist ein krimineller Akt, welcher mit der Benutzung von Computern und Telekommunikationsressourcen begangen wird, in Gewalt, Zerstörung und/oder Störung von Diensten resultiert, um durch Verwirrung und Unsicherheit innerhalb einer gewissen Population Angst hervorzurufen, mit dem Ziel der Beeinflussung einer Regierung oder Bevölkerung, um ein bestimmtes politisches, soziales oder ideologisches Ziel zu erreichen" (U.S. Army 2005: II-2).

„When there are attacks coming from official IP addresses of Russian authorities and they are attacking not only our websites but our mobile phone network and our rescue service network, then it is already very dangerous. [...] The largest part of these attacks are coming from Russia and from official servers of the authorities of Russia" (The Times: 17.05.2007).

Auch verglich ein Sprecher des estnischen Verteidigungsministeriums die Attacken auf Estland mit den Terroranschlägen vom 11. September 2001 in den USA (The Economist: 10.05.2007).
Diese Vermutungen bestätigten sich allerdings nicht, und so musste der estnische Verteidigungsminister Jaak Aaviksoo am 6. September 2007 einräumen, keine Beweise für eine Beteiligung russischer Behörden vorlegen zu können. „Of course, at the moment, I cannot state for certain that the cyber attacks were managed by the Kremlin, or other Russian government agencies", wurde Aaviksoo von der russischen Nachrichtenagentur *Ria Novosti* zitiert. In dem Interview stellte er Parallelen zur Besetzung der estnischen Botschaft in Moskau her, in deren Kontext eine Beteiligung offizieller russischer Stellen auch nicht bewiesen, aber doch stark angenommen werden könnte: „Again, it is not possible to say without doubt that orders (for the blockade) came from the Kremlin, or that, indeed, a wish was expressed for such a thing there" (Ria Novosti: 06.09.2007). So wurden die Ermittlungen gegen Russland eingestellt, und eine zuvor gegebene Zusage Russlands an Estland, die Ermittlungen im Rahmen der Cyber Attacks gegen russische Privatpersonen zu stützen, wurde am 28. Juni 2007 wieder zurückgezogen (Postimees: 06.07.2007).
Im Januar 2008 wurde ein in Tallinn lebender russischstämmiger Student zu einer Geldstrafe verurteilt, da er nach Ansicht des Gerichts in die elektronischen Attacken auf die Webseite der Reformpartei involviert gewesen war (Der Spiegel: 06.03.2008, BBC News: 25.01.2008).
Als Reaktion auf die Angriffe über das Internet hat die NATO den Aufbau eines spezialisierten Forschungszentrums für die Abwehr von elektronischen Attacken auf die virtuelle Infrastruktur ihrer Mitgliedstaaten vorangetrieben, dessen Errichtung bereits vor der Attacke beschlossen worden war und welches nun aufgrund der Ereignisse in Estland seinen Platz findet. Am 14. Mai 2008 wurde das Zentrum mit dem Namen „Cooperative Cyber Defence Centre of Excellence" (CCD-COE)[60] offiziell in Tallinn gegründet (Neue Züricher Zeitung: 06.07.2008).

---

60 Während der kriegerischen Auseinandersetzung mit Russland im August 2008 wurde auch Georgien Ziel von Attacken auf offizielle staatliche Web-

3.4 Die Folgen der Denkmalverlegung

Am Nachmittag des 30. April 2007 wurde der „Bronzene Soldat" auf dem Militärfriedhof der Verteidigungstruppen in Tallinn *(Tallinna Kaitseväe kalmistu)*, etwa drei Kilometer vom Stadtzentrum entfernt, wieder aufgestellt. Der estnische Verteidigungsminister Jaak Aaviksoo inspizierte das Gelände am gleichen Tag und sagte der Nachrichtenagentur *Delfi* gegenüber, die umfangreichen Akte von Vandalismus hätten die geplante Verlegung des Denkmals im weiteren Verlauf des Jahres schon jetzt notwendig gemacht (Delfi: 30.04.2007). Der Friedhof, welcher seit seiner Entstehung 1887 (Eesti Päevaleht: 08.05.2007) als Soldatenfriedhof für russische, deutsche, britische und finnische Soldaten genutzt wird, wurde während der sowjetischen Besatzung auf Anweisung der Behörden zerstört und als Friedhof für Angehörige der Roten Armee genutzt. Nach der Unabhängigkeit wurde der Ort nur teilweise restauriert (Postimees: 30.05.2005, Eesti Päevaleht: 17.05.2005).

Die Ergebnisse der Exhumierungen gab das estnische Verteidigungsministerium auf einer Pressekonferenz am 2. Mai bekannt. Dort wurde die Ausgrabung von zwölf Särgen mit jeweils kompletten Skeletten durch den Direktor des estnischen Büros für forensische Medizin, Üllar Lanno, bestätigt. In den nächsten Tagen, so Lanno, sollten DNA-Tests stattfinden, um diese mit möglichen Verwandten der Toten aus Russland und der Gemeinschaft Unabhängiger Staaten (GUS) abzugleichen (Verteidigungsministerium der Republik Estland 2007). Russland hatte auf die Einladung Estlands, ebenfalls Experten zu entsenden, um an den Tests teilzunehmen und diese zu beobachten, nicht reagiert, nachdem schon eine Teilnahme von russischen Fachleuten bei der Exhumierung der begrabenen Soldaten durch den russischen Botschafter in Tallinn, Nikolai Uspenski, abgelehnt worden war. Namhafte russische Politiker hatten sich im Vorfeld für eine solche Teilnahme russischer Fachleute ausgesprochen,

---

seiten, in dessen Verlauf estnische Spezialisten nach Georgien geschickt wurden (Der Spiegel: 11.08.2008). Im Jahr zuvor war auch Litauen Opfer von offensichtlich russischen Hackerattacken geworden, nachdem es per Gesetz Sowjetsymbolik und Nazisymbolik gleichgesetzt hatte (Frankfurter Allgemeine Zeitung: 14.08.2008). Allem Anschein nach gehören solche Maßnahmen nun zum russischen Waffenarsenal in internationalen Konflikten im postsowjetischem Raum, wobei kaum relevant ist, ob diese Art der Kriegsführung von staatlicher Seite aktiv unterstützt oder lediglich geduldet wird.

so beispielsweise auch der Vorsitzende des Komitees für Auswärtige Angelegenheiten der russischen Duma, Konstantin Kosachew (Liik 2008: 73, Außenministerium der Republik Estland 2007).

Am 8. Mai[61], dem Gedenktag zum Ende des Zweiten Weltkrieges in der westlichen Welt, fand auf dem Friedhof, auf dem der „Bronzene Soldat" wieder errichtet worden war, eine Eröffnungszeremonie statt. Neben Premierminister Andrus Ansip, Bevölkerungsministerin Urve Palo und Verteidigungsminister Jaak Aaviksoo waren viele Diplomaten vor Ort. Die Niederlegung eines Kranzes vor dem Denkmal war die erste offizielle Würdigung des Denkmals durch den estnischen Staat und zweifelsohne eine versöhnliche Geste. Durch die Wahl des Termins der Feierlichkeiten am 8. Mai und nicht einen Tag später, an dem in Russland und innerhalb der russischen Bevölkerung in Estland der „Tag des Sieges" begangen wird, waren keine offiziellen Vertreter der russischen Botschaft vor Ort (Eesti Päevaleht: 08.05.2007, Dagens Nyheter: 08.05.2007).
Nicht nur die Wahl des Datums, sondern auch das weitere Rahmenprogramm des Premierministers Ansip an diesem Tag wurden wiederum vor allem von der jüdischen Gemeinschaft negativ aufgenommen. Nach der früher am Tag erfolgten Niederlegung eines Kranzes an der Gedenkstätte für die ermordeten Juden im ehemaligen KZ Klooga besuchte Ansip auch die Gedenkstätte Maarjamägi für die gefallenen estnischen Soldaten im Zweiten Weltkrieg, welche zum Teil auf Seiten von Wehrmacht und SS gekämpft hatten. Verteidigungsminister Aaviksoo betonte dort, mit dem umfangreichen Programm wolle man aller Opfer des Zweiten Weltkrieges gedenken. Auf die Frage, warum man auch des Polizeibataillons Nr. 36 gedenke, welches an der Judenvernichtung beteiligt war, antwortete der Minister: „Diejenigen, derer wir gedenken, tragen keine Schuld" (Jüdische Zeitung: 06/2007).

Am 9. Mai begann das Gartenbauamt der Stadt Tallinn damit, auf der Fläche auf dem *Tõnismägi*, wo zuvor der „Bronzene Soldat" gestanden hatte und die Überreste der Soldaten begraben gewesen waren, Blumenbeete anzupflanzen. Dies geschah unter Anleitung des Verteidigungsministeriums, welches laut des Kriegsgräbergesetzes offiziell auch für die Wiederherstellung eines ordentlichen Zustands an der ehemaligen Grabstätte zuständig ist. Die Tatsachen, dass diese städtebauliche Maßnahme „Millionen verschlingt" (Posti-

---

61 Vgl. zur Ikonographie des 8./9. Mai Dan Diner (2007): 42-61.

mees: 09.05.2007) und dass die Regierung mit dem Gesetz erst die Zuständigkeit für Denkmal und Kriegsgräber von der Stadt Tallinn auf das Verteidigungsministerium übertrug und später erklärte, für die Wiederherstellung des Platzes sei jedoch wiederum die Stadt zuständig (Regierung der Republik Estland 2007a), haben Premierminister Ansip und seiner Regierungskoalition erneut herbe Kritik aus der Öffentlichkeit eingebracht. Am 8. Juni beschloss das Verteidigungsministerium eine erneute Umgestaltung des Platzes und kündigte an, einen Park mit 100.000 Blumen und anderen Pflanzen zu kultivieren (Postimees: 08.06.2007). Allen Vorschlägen, ein anderes Denkmal auf dem Platz zu errichten, wurde eine Absage erteilt. Das Kapitel der konkreten, plastischen Denkmäler auf dem Tallinner Domberg sollte ein für alle Mal abgeschlossen sein - lediglich ein Innehalten ob der Ereignisse, welche vom estnischen „ground zero" (Alexander Astrow in Eesti Päevaleht: 07.05.2007a) ausgegangen waren, sollte in Zukunft mit dem Ort verbunden werden.

Unter der Schirmherrschaft des estnischen Verteidigungsministers Jaak Aaviksoo fand am 3. Juli 2007 die Bestattung der sterblichen Überreste von acht der ursprünglich zwölf exhumierten Soldaten der Roten Armee auf dem Soldatenfriedhof neben dem dort platzierten „Bronzenen Soldaten" statt (Postimees: 03.07.2007a). Weitere offizielle Vertreter Estlands sowie Botschafter und Attachés wohnten der Zeremonie bei. Nikolai Uspenski, der russische Botschafter in Estland, nahm aus Protest über die angeblichen Versuche Estlands, die Geschichte des Zweiten Weltkrieges aus politischen Gründen umzuschreiben, nicht teil. Allerdings wurde ein Militärattaché der Botschaft im Publikum gesichtet. Uspenski besuchte an gleicher Stelle einige Stunden später eine Zeremonie des Metropoliten der estnischen orthodoxen Kirche von Tallinn, um der Toten zu gedenken (Postimees: 03.07.2007b).

Die Überreste der anderen vier exhumierten Kombattanten wurden, dem Wunsch der per DNA-Test festgestellten Verwandten folgend, nach Russland bzw. nach Israel verbracht, um dort wieder beerdigt zu werden (Dagens Nyheter: 03.07.2007). Am 4. Juli 2007 wurde Elena Warschawskaja, eine Medizinerin der Roten Armee im Rang einer Sergeantin, auf dem Ölberg in Jerusalem, wo sich der älteste jüdische Friedhof der Welt befindet, durch den Großrabbiner von Russland, Berl Lazar, beigesetzt. In seiner sehr politischen Predigt betonte dieser erneut, dass „solche, welche in ultimativer Aufopferung andere gerettet haben, nicht Besatzer genannt werden sollten" (Ria Novosti: 04.07.2007).

3.5 Ausblick

Eine Fortsetzung des Denkmalstreits in Estland scheint absehbar. Im Jahr 2008 begeht das Land zusammen mit den anderen baltischen Republiken sein 90. Jubiläum, welches wegen der aus baltischer Sicht völkerrechtswidrigen Besatzung durch die Sowjetunion die Kontinuität der Staaten unterstreichen und damit besonders ausgeprägt begangen werden soll. Zum Jahrestag des Beginns des estnischen Freiheitskrieges *(Eesti Vabadussõda)* gegen Sowjetrussland und die unter deutschem Kommando stehende Baltische Landeswehr (1918-1920), dem 28. November, soll ein zentrales Denkmal auf dem Tallinner Freiheitsplatz *(Vabaduse väljak)* eingeweiht werden - ein Denkmal, welches monumentaler Ausdruck einer gemeinsamen estnischen Erinnerung an Unterdrückung, Unabhängigkeitskampf und Staatsgründung werden soll.

> „Dass dieses Ehrenmal mittlerweile nicht mehr allein dem abstrakten Gedanken der ‚Freiheit' gewidmet sein, sondern explizit den Sieg und die Opfer im sogenannten ‚Freiheitskrieg' 1918 - 1920 verherrlichen soll, darf als Ausdruck des dominanten Narratives gelten, das der Kulturhistoriker Marek Tamm den ‚großen Freiheitskampf der Esten' genannt hat"[62] (Brüggemann 2008: 137).

In diesem Kontext stellt das geplante Denkmal eine exklusiv ethnisch estnische Erinnerung dar, dessen Errichtung als Teil des Aufbaus eines unabhängigen estnischen Staates im Sinne des Historikers Eric Hobsbawm gesehen wird: „Indeed the building of monuments is part of the process of nation-building" (Hobsbawm 1992, zitiert nach Kattago 2008b: 5)

Im August 2007 begann die Ausschreibung des Projekts als offener Architekturwettbewerb unter der Leitung des estnischen Verteidigungsministeriums, und zu Beginn des Jahres 2008 wurde der Entwurf „Libertas" als Sieger ermittelt. Das Denkmal ist demnach als Siegessäule mit einer Höhe von insgesamt 28 Metern geplant und soll auf seiner Spitze als Kriegssymbol ein estnisches Freiheitskreuz[63]

---

62 Dabei ist die Betitelung als „großer Freiheitskampf der Esten" *(Eestlaste suur vabadusvõitlus)* sicher nicht zufällig, sondern in Anlehnung an den „Großen Vaterländischen Krieg" und die daraus entstandene Mythenbildung in der russischen Erinnerungskultur gewählt worden. So ist laut Brüggemann der militärische Sieg der Esten 1920 Tamm zufolge das wichtigste Ereignis der estnischen Geschichte (Brüggemann 2008: 137).

63 Vgl. Fußnote 14. Auch geht laut Brüggemann das estnische Freiheitskreuz auf das schwarze Balkenkreuz des Deutschen Ordens zurück (Brüggemann 2008: 143) und lässt wundern, warum die Esten 2007 ein Unabhängigkeitssymbol von 1919 wählen, unter dessen Zeichen ihr Land im 13. Jahrhundert

nach dem Vorbild des Eisernen Kreuzes tragen. Ein Schild mit der kurzen Inschrift „Estnischer Freiheitskrieg 1918 - 1920“[64] soll keinen Spielraum für Missinterpretationen ob der Zielgruppe und der Rezipienten des Denkmals zulassen.
Bezüglich dieses Denkmals scheiden sich erneut die Geister in Estland, nicht nur entlang der Volksgruppen, sondern auch wiederum innerhalb der ethnisch estnischen Gesellschaft. Einige liberale Politiker, Wissenschaftler und Kulturschaffende wollen die Aufstellung des Denkmals verhindern, die rechts-konservative Regierung unter Premier Ansip hat es allerdings zum Prestigeobjekt erkoren und lässt gerne vergessen, dass nach jahrzehntelangen Kontroversen um die Realisierung des Projektes[65] das Denkmal bereits unter der Vorgängerregierung von Juhan Parts geplant worden war. In diesem Kontext ließ Ansip seinen Verteidigungsminister, Jaak Aaviksoo, an das Volk apellieren, es solle sich gegen das Kreuz „nicht auf einen Kreuzzug begeben“ (Postimees: 05.03.2008). Die Denkmal-Gegner beklagen, dass der Auswahlkommission des Verteidigungsministeriums um den estnischen Bischof Andres Põder zu viele Politiker und ausschließlich Esten angehörten. Das Denkmal sei außerdem zu protzig, zu teuer und unprofessionell geplant, von der Reduzierung der Aussage auf „Krieg, Heldentum und Opfer“ (Brüggemann 2008: 143) ganz zu schweigen.
Die Presse sieht diesmal innerhalb der Opponentengruppe gegen das Regierungsprojekt keine „Roten Wissenschaftler“ (Vlg. Kapitel 4.1, S. 69) am Werk, sondern will laut der Kritik des estnischen Künstlers und Architekten Leonhard Lapin den Antagonismus „Estnische Intellektuelle contra Regierung“ (Eesti Päevaleht: 05.03.2008) aus der Debatte herausgefiltert haben und damit zumindest zu verstehen geben, dass die Gegner des Denkmals weder die Mehrheitsmeinung im Land repräsentieren, noch aus dem „einfachen Volk“ stammen.

Ende Juli 2007 wurde in dem ostestnischen Ort Metsakivi die Aufstellung eines Denkmals für die örtlichen Opfer des Zweiten Weltkrieges von der zuständigen Kommune verboten. Die Aufstellung des Denkmals, welches in kyrillischer Schrift die Namen von 14 wäh-

---

vom Deutschen Orden im wahrsten Sinne des Wortes mit *Kreuz* und Schwert unterworfen und seiner ursprünglichen Freiheit erst beraubt wurde.

64 Originalinschrift: „Eesti Vabadussõda 1918–1920“.

65 Schon in der Zwischenkriegszeit von 1918-1940 war die Schaffung eines solch monumentalen Denkmals in Tallinn angedacht worden.

rend der deutschen Besatzung umgekommenen, russischstämmigen Bewohnern des Ortes tragen sollte, wurde von örtlichen Politikern verhindert, da die Toten angeblich sowjetische Kollaborateure gewesen seien. Die estnische Geheimpolizei wurde mit den Ermittlungen betraut; sollten unter den Toten ehemalige Kommunisten sein, gilt die Aufstellung des Denkmals als unwahrscheinlich (Postimees: 31.07.2007).

Die Austragung eines „Militärsportspiels" in Estland hat ein heftiges Echo in der russischen Presse erzeugt. Im August 2007 wurde ein jährlich stattfindender historischer Marsch von den estnischen Streitkräften veranstaltet, der an die Arbeit der estnischen Widerstandseinheit *„Erna"*[66] hinter der Front der Roten Armee im Jahr 1941 erinnern soll. Die Aufgabe der Einheit bestand darin, verdeckt hinter den feindlichen Linien zu operieren und Informationen an die finnische Aufklärung sowie den deutschen Militärgeheimdienst weiterzugeben. Zu der Veranstaltung unter der Schirmherrschaft des estnischen Verteidigungsministeriums schickte auch das deutsche Verteidigungsministerium Soldaten[67], „um das zwischenstaatliche Zusammenwirken zu festigen" (Ria Novosti: 22.09.2007, The Voice of Russia: 03.08.2007).

---

66 So wurde die Truppe 1941 von zwei deutschen Verbindungsoffizieren genannt, welche der Einheit angegliedert worden waren. Der Name hat sich eingebürgert und bis heute erhalten. Neben dem „Militärsportspiel" im Sommer (Erna Raid) wird auch im Winter (Utria Dessant) eine solche Veranstaltung angeboten (Erna 2008).

67 Auf Anfrage des Autors an die Pressestelle des deutschen Verteidigungsministeriums wurde die Beteiligung deutscher Soldaten an der Veranstaltung bestätigt, eine offizielle Pressemitteilung hatte es dazu nicht gegeben. „In den vergangenen Jahren haben regelmäßig deutsche Teams teilgenommen. 2006 wurde ein 9. Platz unter 25 Mannschaften erreicht und in 2007 belegte Deutschland einen hervorragenden 2. Platz." In dem Statement heißt es weiter: „Es gab dazu im vergangenen Jahr seitens Russland eine Reihe sehr negativer Presseberichte bezüglich des Wettbewerbes und der taktischen Lage, die dem Wettbewerb zugrunde liegt/lag. Sie basiert überwiegend auf der damals realen Lage der estnischen Widerstandsbewegung ERNA, die im 2. Weltkrieg erfolgreich hinter den Fronten zusammen mit deutschen Kräften eingesetzt wurde" (E-Mail der Pressestelle des deutschen Verteidigungsministeriums an den Autor vom 5. Juni 2008). 2008 wird keine offiziell entsandte deutsche Mannschaft mehr an der Veranstaltung teilnehmen, sondern eine Gruppe deutscher Reservisten aus Baden-Württemberg (E-Mail der Pressestelle des deutschen Verteidigungsministeriums an den Autor vom 22. Juli 2008, E-Mail der *ERNA*-Organisatoren an den Autor vom 30. Juni 2008).

Am 2. September 2007 fand eine offizielle Gedenkveranstaltung für das Ende des Zweiten Weltkrieges sowie für den endgültigen Abzug der russischen Soldaten im Jahr 1994 in Tallinn an der Gedenkstätte Maarjamägi statt. Neben anwesenden Veteranen der estnischen SS-Verbände waren auch Vertreter der Stadtbehörden und Abgeordnete des nationalen Parlaments vor Ort, als Kränze an den Gräbern der auf deutscher Seite gefallenen Esten im Zweiten Weltkrieg gelegt wurden. Ex-Außenminister Trivimi Velliste betonte in seiner Rede:

> „Die Esten hatten während des Krieges keinen anderen Ausweg, als sich vom Feind Nummer zwei bewaffnen zu lassen, um gegen den Feind Nummer eins zu kämpfen. Denn vom Feind Nummer eins war keine Schonung zu erwarten" (Ria Novosti: 22.09.2007).

Bereits einen Monat zuvor war Velliste in der Presse für eine Rede kritisiert worden, in der dieser die sowjetischen Soldaten als „Terroristen" bezeichnet hatte und die „Hilfe", welche in Gestalt Hitlerdeutschlands den Esten zuteil geworden war, zu spät gekommen sei (The Voice of Russia: 03.08.2007). Diese Rede hielt Velliste beim traditionellen Treffen der SS-Veteranen am 28. Juni 2007 in der Nähe der Stadt Sillamäe im Osten Estlands, wo alljährlich der Schlacht um die Tannenbergstellung in den Blauen Bergen gedacht wird. In der Schlacht kämpften 1944 estnische und andere europäische SS-Einheiten an der Seite der Deutschen gegen die vorrückenden Truppen der Roten Armee. 1997 wuchs die Zahl der anwesenden Veteranen auf über 800, auch waren erstmals Veteranen aus Österreich und Norwegen vor Ort. Im Jahr 2000 wurde dort ein Denkmal für die estnischen Soldaten der Waffen-SS eingeweiht, welches zum Großteil mit staatlichen Mitteln finanziert wurde. Insbesondere die Tatsache, dass das estnische Verteidigungsministerium die Teilnehmer jedes Jahr mit einem Glückwunschschreiben bedenkt, sorgte erneut für herbe Kritik aus Russland und vom Europarat (Ria Novosti: 30.07.2007).

Auf der Vernissage einer Fotoausstellung über die vier Tage der unabhängigen estnischen Regierung unter Otto Tief (18. bis 22. September 1944) am 18. September 2007 in Tallinn schlug auch der estnische Präsident Ilves wieder nationalistischere Töne an, nachdem er in seinen Äußerungen direkt nach der Verlegung des „Bronzenen Soldaten" zunächst auf einen Ausgleich mit Russland bedacht war. In seiner Rede zur Ausstellungseröffnung setzte er erneut die Nazi- der

Sowjetokkupation gleich. In einem Interview an gleicher Stelle sagte das Staatsoberhaupt:

> „From the Estonian viewpoint, there is no difference between Nazis and Communists. Both acted brutally and repressed Estonians. Neither the Nazis nor the Communists tolerated democracy, and that's a fact any Estonian knows. [...] The Germans arrested those they could, and when the Russians arrived, they arrested them again. Neither Nazis nor communists tolerated Estonia or democracy" (The Baltic Times: 19.11.2007).

In einem Artikel über die Vernissage wurde Ilves von der russischen Nachrichtenagentur *Ria Novosti* scharf kritisiert, auch da dieser Soldaten der Roten Armee zuvor als „Banditenschar" und die Zeit der estnischen Zugehörigkeit zu UdSSR eine „Apartheidzeit" genannt haben soll (Ria Novosti: 22.09.2007).

Am Jahrestag der Verlegung des Denkmals Ende April 2008 kam es in Tallinn zu zahlreichen Gedenkkundgebungen, bei denen eine massive Polizeipräsenz vor Ort war. Die befürchteten Provokationen blieben allerdings aus. „Das Gespenst des Bronzesoldaten hat Tallinn besucht" (The Voice of Russia: 02.05.2008), wie die russische Zeitung *Iswestija* berichtete, allerdings kam es nicht zu gewaltsamen Auseinandersetzungen. Das russische Außenministerium erklärte in einer Pressemitteilung vom selben Tag, die Beziehungen zwischen den beiden Staaten könnten sich erst wieder normalisieren, wenn Estland nach der „ungeheuerlichen Aktion" der Denkmalverlegung intensiver im Todesfall des russischen Staatsbürgers ermittelte, einen Vertrag über die Behandlung der Militärgrabstätten unterzeichnete und die symbolische Rache an den Russen beendete.

> „Soweit die estnischen Behörden keine wirksamen Maßnahmen zur Beilegung der zwischengemeindlichen Spannung in der estnischen Gesellschaft und der Spannung in den bilateralen Beziehungen ergreifen werden, ist es unmöglich, mit der Normalisierung unserer zwischenstaatlichen Beziehungen zu rechnen", wurde das Außenministerium zitiert (The Voice of Russia: 02.05.2008).

Im Frühling und Sommer des Jahres 2008 verbesserten sich die estnisch-russischen Beziehungen dem estnischen Außenminister Urmas Paet zufolge wieder, der in einem Interview mit der finnischen Zeitung *Helsingin Sanomat* von einer einsetzenden „Tauwetterperiode" nach den gespannten Verhältnissen des Vorjahres sprach und ein inoffizielles Gespräch der beiden Präsidenten beim vierjährlich stattfindenden Weltkongress der finno-ugrischen Sprachgemeinschaft im Juni/Juli 2008 im Autonomen Bezirk der Chanten und Mansen im russischen Oblast Tjumen ankündigte (Helsingin Sanomat:

13.03.2008). Im Juli 2007 war Estland von Russland überraschend nicht zu einem Jahrestreffen der Finno-Ugrier in der russischen Stadt Saransk eingeladen worden. Allerdings erhielt der estnische Präsident Ilves am 22. Mai 2008 aus Russland die offizielle Einladung zum Weltkongress 2008 in Chanty-Mansijsk (Präsident der Republik Estland 2008, Postimees: 27.06.2008). In anderen finno-ugrischen Ländern wie Ungarn führte die Nichtberücksichtigung Estlands im Vorjahr zu der von Moskau intendierten Diskussion, ob man die Beziehungen zu dem EU-Partner Estland oder zu Russland höher bewerten und auf wessen Seite man sich stellen solle (Magyar Hírlap: 18.07.2007).

Jedoch kam es auch im Jahr 2008 zu einem Eklat. Nachdem das Treffen zwischen den beiden Staatspräsidenten Medwedew und Ilves am 28. Juni noch durchweg positiv verlaufen war, kam es am gleichen Tag im Tagungssaal zu erneuten Anschuldigungen von russischer Seite gegenüber Estland. Das Land benachteilige die russische Minderheit, so Konstantin Kosachew, Vorsitzender des Auswärtigen Ausschusses der russischen *Duma*, mit einer repressiven Staatsbürgerschaftspolitik. Ilves verließ daraufhin die Veranstaltung (The Baltic Times: 01.07.2008). Die Tageszeitung *Eesti Päevaleht* sah daraufhin die Beziehungen zwischen beiden Ländern auf einem erneuten Tiefpunkt:

> „Dies zeigt wieder einmal, dass das Vertrauen zwischen Estland und Russland gestört ist und man die Beziehungen nicht anders als einen kalten Frieden charakterisieren kann. Und es bestätigt sich wieder einmal, dass es sich nicht lohnt, sich irgendwelchen Illusionen auf einen baldigen Durchbruch hinzugeben" (Eesti Päevaleht: 30.06.2008).

Damit behielt Premierminister Ansip mit seiner Aussage direkt nach der Denkmalverlegung von April 2007 Recht, dass die estnisch-russischen Beziehungen auf lange Sicht instabil bleiben und diese sich, so der estnische Präsident, nach „Murphys Gesetz" verhalten würden - dass also alles schief gehen werde, was schief gehen kann (Kommersant: 27.04.2007).

4 Reaktionen

4.1 Estland

Die Ereignisse der letzten Apriltage in Tallinn wurden von den estnischen Medien als „April-Ereignisse“ *(Aprillisündmused)* und „April-Unruhen“ *(Aprillirahutused)*, jedoch zumeist als „Bronzene Nächte“ *(Pronksiöö)* mit mehr oder weniger eindeutigem Bezug auf die sogenannte (Reichs-) Kristallnacht[68] in der Weimarer Republik 1938 bezeichnet (Kattago 2008a: 19, Astrow 2007a: 1). Auch stellten die estnische Presse und Öffentlichkeit Verbindungen zu dem kommunistischen Umsturzversuch in Tallinn von 1924 her, welcher vom sowjetischen Geheimdienst organisiert, jedoch von den Esten blutig niedergeschlagen worden war (Eesti Ekspress: 03.05.2007).

Der estnische Präsident Ilves betonte laut *Washington Post*, die Ausschreitungen in Tallinn hätten nichts mit dem Denkmal oder dem Gedenken an Gefallene des Zweiten Weltkriegs an sich zu tun, sondern seien einzig und allein das Werk von Kriminellen (Washington Post: 28.04.2007), deren einziger gemeinsamer Nenner das Bedürfnis nach „randalieren, zerstören und plündern“ sei und nichts mit deren Nationalität zu tun gehabt habe (The New York Times: 28.04.2007).

Auch Premier Ansip verwies darauf, dass die Ereignisse nicht mit Nationalitäten in Zusammenhang stünden und dass die Ereignisse die Bemühungen der Gegner einer Verlegung des Denkmals in ein äußerst schlechtes Licht gerückt hätten, da die Erinnerung an die gefallenen Soldaten nun international mit dem Bild von betrunkenen Ladendieben befleckt sei (Reuters: 29.04.2007). Im estnischen Fernsehen sagte Ansip, die Straßenschlachten seien der Auslöser für die

---

68 Interessant dabei ist der dadurch beschriebene Opferstatus der Esten, welcher noch durch die Betonung der Konzertiertheit der Vorkommnisse durch Moskau gesteigert wird. Mit der Behauptung der Nationalsozialisten, es habe sich bei den Pogromen 1938 um keine zentral organisierte Aktion, sondern um sich spontan entladenden „Volkszorn“ gehandelt, wurden diese gerechtfertigt, was sich auf den aktuellen Fall übertragen lässt. Mit der Begrifflichkeit der „Bronzenen Nächte“ hat im April 2007 in Tallinn, so der Subtext der estnischen Deutung, ein von Moskau konzertierter Pogrom von Russen gegen Esten stattgefunden, womit der Faschismus-Vorwurf gegenüber Estland durch Moskau ins Gegenteil verkehrt wird. Siobhan Kattago und Alexander Astrow sehen den Terminus in beschriebenem Kontext, während Karsten Brüggemann in der Bezeichnung *Pronkisöö* einen Euphemismus (Brüggemann 2008: 135) zu erkennen meint.

Verlegung des Denkmals im Morgengrauen des 27. April gewesen, zuvor hätte es keine Pläne für einen so schnellen Abbau des „Bronzenen Soldaten" gegeben.
In einem Artikel in der Zeitung *Postimees* vom 16. Mai 2007 bedauerte der estnische Premierminister die Vorfälle rund um die Verlegung des „Bronzenen Soldaten", schlug jedoch wieder deutlich selbstsicherere Töne an. Ansip sagte, die Diskussionen um die Vorfälle würden beginnen, die Bürger zu langweilen und ein herrlicher Frühling sei ruiniert worden. Die Exhumierung der sterblichen Überreste der Soldaten sowie die Verlegung des Denkmals seien für die Bewahrung der Würde des estnischen Staates unerlässlich gewesen, und bis zum 26. April hätte Moskau den estnischen Staat nicht ernst genommen, was nun der Fall sei, führte der Premier aus. „Während weniger Jahre wurde das Denkmal angeblich der wichtigste Teil der Identität der hiesigen russischen Gemeinschaft. [...] Heute muss ich zugeben, dass ich die Wichtigkeit des Denkmals für die Russen unterschätzt habe", so Ansip. Auch bereue er, dass Gewalt nicht verhindert werden konnte, machte jedoch deutlich, dass dafür die Polizei in keiner Weise verantwortlich zu machen sei. Man solle die Tapferkeit der Sicherheitskräfte rühmen und deren Einsatz anerkennen und honorieren, denn tatsächlich seien diese mit Blick auf die estnische Unabhängigkeit 1991 „die Freiheitskämpfer der heutigen Zeit" (Regierung der Republik Estland 2007b).
Im Juli 2007 wurde Ansip im „Estnischen Haus" in Toronto ein Orden der dort lebenden estnischen Gemeinschaft überreicht, welcher sein mutiges Verhalten bei der Verlegung des Denkmals auszeichnen sollte, wie der Ehrenkonsul der Republik Estland in Kanada, Laas Leivat, erklärte (The Voice of Russia: 03.08.2007).

Edgar Savisaar, der Bürgermeister von Tallinn, zeigte sich schon im Vorfeld der Verlegung des Denkmals besorgt, ob die geplante Aktion der Regierung unter der Leitung des Verteidigungsministeriums gegen Eigentumsrechte der Stadt sowie die estnische Verfassung verstoßen könnte. Noch am 24. April titelte die *Postimees,* laut Savisaar gebe es noch keine Entscheidung über eine Verlegung und berichtete über mögliche rechtliche Probleme (Postimees: 25.04.2007a). Zwar nahm Savisaar nach dem Wiederaufbau des Denkmals Abstand von rechtlichen Schritten, verlangte jedoch laut der Nachrichtenagentur *Delfi* von der estnischen Regierung und direkt von Premierminister Ansip die Erstattung der Kosten für Säuberung und Wiederherrichtung der Innenstadt Tallinns von knapp drei Millionen Euro (Delfi: 27.04.2007). Am 29. April äußerte er sich sehr kritisch gegenüber dem gewalttätigen Einsatz der Polizeikräfte während der Ausschreitungen, was ihm deutliche Kritik von einigen estnischen Politikern und Teilen der nationalen Presse einbrachte (Delfi: 29.04.2007). *Eesti Rahvuslik Liikumine*, die „Estnische Nationalbewegung“, forderte seinen Rücktritt und begann mit einer Unterschriftenkampagne gegen den angeblich zu russlandfreundlichen Politiker (Postimees: 30.04.2007a). Diese brachte am Ende fast 100.000 Unterschriften ein. Am 30. April erneuerte Savisaar seine Kritik an der Regierung und unterstellte in der *Postimees*, Premierminister Ansip würde mit seiner Politik alles tun, um die estnische Gesellschaft zu spalten und die russische Minderheit zu provozieren (Postimees: 30.04.2007c). Daraufhin wurde er erneut von einigen Politikern und Personen des öffentlichen Lebens kritisiert und beschimpft. Außenminister Urmas Paet erklärte, die Äußerungen Savisaars trügen nicht zum Frieden in der Stadt bei und forderte Zurückhaltung vom Bürgermeister Tallinns (Postimees: 29.04.2007).

In dem Interview mit dem estnischen Innenminister Jüri Pihl über die fragwürdige Rolle der estnischen Sicherheitskräfte in der Auflösung der Krawalle in Tallinn (siehe S. 52) klingt in der abstrakten Formulierung der „Feinde Estlands“ eine Verschwörungstheorie an, deren Entstehung im April 2007 von der Tageszeitung *Postimees* eingeleitet wurde. Das Blatt berichtete am 25. April von „verdächtigen Treffen von Extremisten“ mit Angehörigen der russischen Botschaft in Tallinn, welche an den vorhergegangenen Tagen kurz vor dem Beginn der Exhumierungen der gefallenen Soldaten und der Verlegung des Denkmals stattgefunden hatten (Postimees: 25.04.2007c). Der estnische Außenminister Urmas Paet hatte als Reaktion auf den Zeitungsbericht laut Wadim Poleschtschuk (LICHR) in der Folgezeit die Aufmerksamkeit ausländischer Journalisten speziell auf diese Treffen gelenkt, um das Bild einer konspirativen Vorbereitung der Unruhen in Tallinn zugänglich und publik zu machen (Poleschtschuk 2007: 20).
In einem am 26. Mai in der estnischen Regionalzeitung *Sakala* veröffentlichten Interview sagte Justizminister Rein Lang, dass für den 9. Mai 2007 größere Unruhen in Estland geplant gewesen seien, um die Regierung Estlands zu stürzen[69]:

---

69 Eine Umsturzgefahr in Estland durch die Ereignisse im April 2007 und eine Gefahr für die dortige Demokratie hat laut Michele Commercio mit Sicherheit nicht bestanden (Commercio 2008: 84, Fußnote 5).

„Ich denke, die Existenz eines solchen Plans ist eindeutig für jeden vernünftigen Menschen. Wenn die Delegation der russischen Duma schon am Flughafen erklärt, sie fordere den Rücktritt der estnischen Regierung und dann in Estland eine solche Rhetorik fortsetzt, dann brauche ich mir überhaupt keine weiteren Gedanken mehr zu machen" (Sakala: 26.05.2007).

Allerdings konnte der Justizminister keine Person nennen, welche nach dem gewaltsamen Staatsstreich von den Umstürzlern als Premierminister hätte eingesetzt werden sollen. „Wenn ich ein Papier [mit dem Namen der als Premierminister einzusetzenden Person, F.M.] mit der Unterschrift Putins darauf hätte, dann hätte ich es Ihnen schon vor langer Zeit gegeben und Sie beauftragt, es zu veröffentlichen" (Sakala: 26.05.2007).
Am 20. Juni 2007 erklärte Generalleutnant Ants Laaneots, der Oberbefehlshaber der estnischen Streitkräfte *(Eesti Kaitsevägi)*, gegenüber dem estnischen Nachrichtenportal *Delfi*, dass die April-Unruhen „eine groß angelegte, von höchsten politischen Stellen freigegebene und sorgfältig durchdachte und vorbereitete Spezialoperation der Russländischen Föderation gegen Estland" (Poleschtschuk 2007: 20) gewesen sei, womit er schließlich die Verschwörungstheorie innerhalb von Teilen estnischer Machtzirkel und der Gesellschaft auf den Punkt brachte.

Der estnische Soziologe Juhan Kivirähk vom Internationalen Zentrum für Verteidigungsstudien *(Rahvusvaheline Kaitseuuringute Keskus)* in Tartu, wohl der populärste öffentliche Kritiker der Entscheidung der estnischen Regierung zur Verlegung des Denkmals, erzeugte große innerestnische Diskussionen mit seiner Rücktrittsforderung gegenüber der Regierung. Seines Erachtens strebe diese an, mit der Hitlerschen Ideologie „Ein Volk, ein Reich, ein Führer" *(„üks rahvas, üks riik, üks juht")* eine monoethnische estnische Nation herzustellen. Großes Aufsehen erregte Kivirähk auch mit seinem Artikel „Die blutige Geburt der neuen Drei-Parteien-Koalition" in der Tagszeitung *Eesti Päevaleht* vom 30. April 2007, in dem er die Regierung beschuldigte, die Unruhen in Tallinn provoziert und gezielt als Vorwand für die Verlegung des „Bronzenen Soldaten" benutzt zu haben[70] (Internationales Zentrum für Verteidigungsstudien: 05.12.2007).

70 Für sein mutiges Schreiben gegen das Schweigen nach den Unruhen in Tallinn und danach gegen die teils polemische Kritik gegen seine Person aus dem konservativen Lager wurde Kivirähk vom Estnischen Zeitungsverband *(Eesti Ajalehtede Liit)* zum „Freund der Presse 2007" gekürt. Der Titel „Feind der Presse 2007" ging an Premierminister Andrus Ansip mit der Begründung, dieser solle eigentlich öffentliche Diskussionen initiieren und

Dafür wurde aus dem nationalistischen Lager seine Entlassung gefordert, liberale Experten wie der Medienwissenschaftler Tarmu Tammerk vom estnischen Presserat forderten im Gegensatz dazu die „komplette Redefreiheit" für den Soziologen sowie für alle an der Diskussion Beteiligten (Eesti Päevaleht: 07.05.2007b). Das augenscheinlich nationalistisch-konservative Lager in der Diskussion innerhalb der ethnisch estnischen Gemeinschaft hat im Laufe der Auseinandersetzungen die liberale Seite unter den Gelehrten mit dem abfälligen Terminus „Rote Wissenschaftler" *(punane teadlane)* bedacht, um diese durch deren angebliche Nähe zur Sowjetunion bzw. Russland zu diskreditieren und als „Nestbeschmutzer" mundtot zu machen (Eesti Ekspress: 06.12.2007). Damit erreichten die seit 2004 verzeichneten Forderungen aus rechtsnationalen Kreisen Estlands, estnische Historiker müssten eine nationale Sichtweise vertreten (Brüggemann 2006: 35, Fußnote 33), ihren Kulminationspunkt. Der liberale Politologe Rein Ruutsoo hatte schon Jahre vorher die aufkommende Diskussion über eine „verordnete" Geschichtsschreibung mit der Bemerkung kommentiert, dass schon „bereits der Gedanke daran, wie man Geschichte schreiben *muß*, der Eckpfeiler eines künftigen Konzentrationslagers" sei (Brüggemann 2006: 35, Hervorhebung im Original).

In der weniger populär geführten Debatte in Estland auf rein wissenschaftlichem Sektor waren zwei antagonistische Grundtendenzen erkennbar. Beispielhaft für diesen Diskurs ist die Diskussion zwischen Alexander Astrow, Professor an den Universitäten Budapest und Tartu, und Maria Mälksoo, Mitarbeiterin am Internationalen Zentrum für Verteidigungsstudien *(Rahvusvaheline Kaitsuuringute Keskus)* in Tartu. Astrow hatte am 1. Mai 2007 auf seiner Webseite einen kritischen Text mit dem Titel „Is this the order we wanted?" (Astrow 2007b) veröffentlicht, in dem er, größtenteils beschränkt auf die Ereignisse der vorangegangenen Jahre innerhalb Estlands, beiden Volksgruppen einen latenten Unwillen zur Integration vorwarf. Politikern, Medien[71] und Sicherheitskräften kreidete er an, den Konflikt

---

vorantreiben, anstatt diese gezielt zu vermeiden (Eesti Ajalehtede Liit 2007).

71 In seinem Kommentar zitiert Astrow den Bericht der estnischen *Postimees* vom 28. April 2007 (Nädala nägu: Tundmatu vene pätt [Das Gesicht der Woche: Unbekannter russischer Abschaum]), dem Tag nach der ersten Krawallnacht, folgendermaßen: „Diese bis dahin unbekannte Kreatur erhob das erste Mal ihren wahren und hässlichen Kopf. Hinter der bronzenen Maske hervorgekommen starrte uns ein vollkommen neues, oder präziser, ein vergessenes altes Gesicht an. Das war kein Soldat, auch nicht ein ande-

geschürt zu haben. Die estnische Nation sei, so Astrow, am Boden angekommen, und müsse sich nun konstruktiv und ohne Gedanken an die Vergangenheit wieder aufraffen.
Die Antwort von Maria Mälksoo am 11. Mai 2007 mit dem Titel „The fallen 'Bronze Soldier'... (a response to: Is this the order we wanted?)" (Internationales Zentrum für Verteidigungsstudien: 11.05.2007) stellte die Aussagen Astrows bezogen auf die innenpolitische Dimension als übertrieben dar und beschuldigte diesen der „geschickten Verschleierung der wahren internationalen Dimensionen der Umsturzversuche" mit der Grundaussage, dass erst Russland seine politische - und vor allem geschichtspolitische - Attitüde ändern müsse, bevor die Integration der propagandistisch beeinflussten russophonen Minderheit in Estland gelingen könne.
An diesem Beispiel lässt sich die Diskussion in Estland plakativ darstellen; einer liberalen Sichtweise auf die Aufgaben und Chancen des estnischen Staates und seiner heterogenen Gesellschaft als solche steht eine konservative Position der geopolitischen Grenzlage und dem damit verbundenen Zusammenprall verschiedener Interpretationen von Vergangenheit und Gegenwart gegenüber. Die Auflösung der Konfliktsituation wird von Vertretern der zweiten Position als Vorraussetzung für einen Fortschritt in Estland angesehen. Der Historiker Jörg Zägel beschrieb diese von konservativen estnischen Kreisen gesetzte Bedingung, dass zuerst eine geschichtliche Aufarbeitung in Russland bezüglich der Sowjetzeit erfolgen müsse, bevor man in Estland selbstkritischer mit sich und der Vergangenheit umgehen könne, als lähmende „Erst ihr, dann wir!"-Logik (Zägel 2007: 194).

Im Jahrbuch 2007 des estnischen Außenministeriums schreibt Riina Ruth Kionka, ehemalige estnische Botschafterin in Deutschland und seit 2007 die persönliche Stellvertreterin von Javier Solana im Bereich

---

rer zivilisierter Mensch. Das war der russische Abschaum. Und wir haben seine Existenz fast vergessen. [...] Von Zeit zu Zeit, auf einer dunklen und verlassenen Straße, hat er uns mit geballter Faust an seine Existenz erinnert. Aber keinen großen Schaden angerichtet. Er lebte einfach in seinem separaten Raum, einer anderen Welt, in einem Kokon, unterhalten von der russischen Fernseh-Propaganda" (Astrow 2007b). Im Vorfeld der Unruhen kam eine Studie des LICHR über estnisch- und russischsprachige estnische Printmedien zu dem Ergebnis, dass insbesondere die estnischsprachige Medienlandschaft Stereotype und Vorurteile über die russische Minderheit transportiere. Nicht untersucht wurde leider die Rolle der russischen Medien, welche in Estland von der russophonen Minderheit rezipiert wird (LICHR 2006: 8ff.).

Menschenrechte bei der EU, die Integrationspolitik Estlands sei vorbildlich und habe weltweiten Modellcharakter.

> „[D]ie Ereignisse im April 2007 bestätigen weder das Versagen der estnischen Minderheitenpolitik, noch wird deren Erfolg bekräftigt. Stattdessen sind sie irrelevant für jede Bewertung dieser politischen Linie. Unruhen, Demonstrationen und der Gebrauch von Gewalt, um politische Ziele zu erreichen, sind leider ein Wesensmerkmal des modernen Lebens. Ein Blick in irgendeine europäische Zeitung wird bestätigen, dass Estland eigentlich erst nach dem letzten April wirklich Europa beigetreten ist" (Kionka 2008: 40).

Auch Kadri Liik, Direktorin des Internationalen Zentrums für Verteidigungsstudien in Tartu, sieht die Probleme nicht innerhalb Estlands, sondern in einem größeren Kontext. Liik verweist in ihrer Erklärung des Sachverhalts auf Europa, welches in ihren Augen einen Handel mit Moskau eingegangen sei. Nach dem Beitritt Estlands zur EU und NATO, so Liik, habe sich die bisherige Moskauer Politik gegenüber dem Baltikum einer Neubewertung unterzogen. Diese Neubewertung habe darin bestanden, die Probleme Russlands mit Estland immer dann zum internationalen Thema zu machen, wenn Kritik an Moskau, beispielsweise in der Tschetschenienpolitik, abzuwenden sei, und deshalb würden sich die Europäer im Bezug auf die Menschenrechtsfrage im Nordkaukasus ruhig verhalten.

> „Moscow [...] decided that it was beneficial to keep the Baltic states as a problem that could be raised on the international level at a convenient time to fend off criticism of Russia. ‚If you do not raise the question of Chechnya, we will not mention the Baltic states,' Moscow would imply, and the Europeans, who are polite people and whose agenda *vis-à-vis* Russia is overburdened anyway, succumb to the tradeoff" (Liik 2008: 74, Hervorhebung im Original).

Der im Juni 2008 veröffentlichte Jahresbericht der estnischen Geheimpolizei für das Jahr 2007 sieht ebenfalls den Ursprung der interethnischen Probleme in Estland außerhalb der Landesgrenzen. Der Bericht beginnt mit der Schuldzuweisung an Russland, einziger und alleiniger Auslöser für die Unruhen in Tallinn gewesen zu sein:

> "The greatest threat to the states's security in 2007, as well as during the whole re-independence period, was mass riots in Tallinn and Ida-Virumaa, provoked from Russia and followed by cyber-attacks" (KAPO-Yearbook 2007: 1).

Im Verlauf des Berichts wird diese Position jedoch abgeschwächt; den russischen Geheimdiensten wird keine direkte Lenkung der

Unruhen unterstellt. Auch seien die „Geheimtreffen“[72] zwischen Mitarbeitern der russischen Botschaft in Tallinn und russischstämmigen Politikern und Aktivisten im Vorfeld der Unruhen nicht Auslöser der gewalttätigen Auseinandersetzungen gewesen, womit die kolportierten Verschwörungstheorien (siehe Kap. 4.1) zumindest partiell widerlegt wurden. Weiterhin sei es den russischen Geheimdiensten kaum gelungen, neue Mitarbeiter in Estland anzuwerben, und bei der Verlegung des Denkmals habe nicht nur der Druck aus Moskau, sondern auch der interne Denkmal-Konflikt eine Rolle gespielt. Die Hauptschuld wird den russischen Medien sowie den russischsprachigen Medien in Estland gegeben, deren Berichterstattung als „Informationskrieg“ bezeichnet wird, welcher seit Beginn des Jahres 2007 immer deutlicher auf eine Aufwiegelung der russischen Gemeinschaft in Estland ausgerichtet gewesen sei (KAPO-Yearbook 2007: 5ff.).

Die „Estnische Nationalbewegung“ *(Eesti Rahvuslik Liikumine)* machte auch im weiteren Verlauf des Sommers 2007 von sich reden. Sie forderte von der estnischen Regierung als Reaktion auf den Besuch des russischen Botschafters in Estland, Nicolai Uspenski, bei der Gründungsveranstaltung der Stiftung *Russki Mir* (Russische Welt) in Tallinn die Erklärung des Diplomaten zur *persona non grata* (Estnische Nationalbewegung 2007). Die Gründung von *Russki Mir*, einer Stiftung für Erhalt und Pflege der russischen Sprache und Kultur, durch Wladimir Putin im Sommer des Jahres 2006 hatte den Argwohn der nationalistischen Rechten in Estland erregt. Die Stiftung solle sich, so Putin, um die gesamte „russische Welt“ kümmern, welche freilich größer sei als Russland in seinen bestehenden Grenzen (The Voice of Russia: 22.06.2007).
Artur Taevere, Gründer der *Heateo Sihtasutus*, der „Stiftung Wohltat“, hat mit der Kampagne „Valge tulp/Белый тюльпан“ (Weiße Tulpe), einen Versuch gestartet, die beiden großen Volksgruppen in Estland einander wieder näher zu bringen. Bei der vielbeachteten Aktion geht es darum, weiße Tulpen an Orten niederzulegen, welche für die jeweils andere Volksgruppe von großer emotionaler Bedeutung sind und mit dieser Anerkennung das Verständnis untereinander zu verbessern (Postimees: 06.05.2007).

---

72 Die Klassifizierung der Treffen als „Geheimtreffen“ bleibt in diesem Zusammenhang schleierhaft, da diese laut dem Dokument der Geheimpolizei in einer städtischen Bar und im Botanischen Garten in Tallinn und somit in aller Öffentlichkeit stattfanden.

Seit dem Ausbruch des Streits zwischen Estland und Russland um die gemeinsame Geschichte in den Jahren 2004 und 2005 herrscht zwischen den beiden Regierungen ein Pragmatismus, in dessen Folge Estland brisante Themen wie den noch ausstehenden Grenzvertrag zwischen beiden Staaten oder die Frage, ob Estland von der Sowjetunion okkupiert wurde, außen vor lässt. Das brachte Präsident Ilves jedoch auch innenpolitisch unter Druck, so etwa durch die *Postimees*, die darauf drängt, auch die brisanten Themen zwischen den beiden Staaten selbstbewusst zu erörtern (Postimees: 13.11.2006). Dies wird jedoch auch in Zukunft schwierig sein, denn seit der Unabhängigkeit Estlands 1991 gab es, auch während Perioden einer relativen Entspannung der bilateralen Beziehungen, noch kein einziges Treffen der Staatsoberhäupter der Republik Estland und der Russländischen Föderation in Form eines offiziellen Staatsbesuchs.

4.2 Die Russländische Föderation und ihre Fürsprecher

Die erste offizielle Reaktion aus Russland kam bereits am 27. April 2007 vom Föderationsrat, dem Oberhaus des russischen Parlaments. In einer Resolution forderten die Parlamentarier die russische Regierung zu den härtesten Maßnahmen auf, die möglich seien, um der Politik der estnischen Regierung und deren Protagonisten, welche als „provinzielle Fanatiker des Nazismus" bezeichnet wurden, zu begegnen (Interfax: 27.04.2007). Zusammen mit der *Duma* forderte das Abgeordnetenhaus den Abbruch der diplomatischen Beziehungen sowie wirtschaftliche und politische Sanktionen. Außenminister Sergej Lavrow, der sich gerade auf einer EU-Außenministertagung in Oslo befand, sagte gegenüber der russischen Nachrichtenagentur *Interfax*, der Abbau des Denkmals in Tallinn sei Blasphemie und würde ernste Konsequenzen für die Beziehungen der beiden Länder haben, die es nun innerhalb der russischen Führungsspitze abzustimmen gelte (The New York Times: 28.04.2007). Dmitri Rogosin[73],

[73] Der Nationalist Rogosin war, bevor er zum russischen NATO-Botschafter ernannt wurde, vor allem durch xenophoben Wahlkampf und absurde politische Absichtserklärungen aufgefallen. So wurde seine ehemalige Partei *Rodina* (Heimat) 2005 von den Regionalwahlen in Moskau ausgeschlossen, da in einem Wahlwerbespot mit ihm im Angesicht einer Gruppe von Immigranten der Slogan „Lasst uns unsere Stadt vom Müll befreien" eingeblendet wurde (BBC News: 10.01.2008). Mit seiner neuen Partei „Großes Russland", einem Bündnis kleinerer nationalkonservativer und antisemiti-

der im Januar 2008 vom scheidenden Präsidenten Wladimir Putin zum russischen Botschafter bei der NATO ernannt wurde, drohte noch im April 2007 Estland offen mit Krieg, um den „Bronzenen Soldaten" in Tallinn zu beschützen (Rosbalt: 19.04.2007, Postimees: 11.01.2008).

Eine so genannte „Fact-finding Mission" (Interfax: 30.04.2007), eine Gruppe von Abgeordneten der *Duma* unter der Leitung von Leonid Slutski, dem Vize-Vorsitzenden des Komitees für Auswärtige Angelegenheiten des russischen Parlaments, reiste am 30. April in Tallinn an, um sich persönlich ein Bild von den Vorgängen zu machen. Noch bevor die Gruppe Moskau verließ, forderte der an der Mission beteiligte Nicolai Kowaljow, der Vorsitzende des Ausschusses für Angelegenheiten der Veteranen im russischen Unterhaus und Vorgänger Putins als Chef des Inlandsgeheimdienstes FSB, in einer Pressekonferenz bereits die Wiederaufstellung des Denkmals an seinem angestammten Platz sowie den sofortigen Rücktritt der estnischen Regierung[74]. (Ria Novosti: 30.04.2007, Postimees: 30.04.2007d). Am 1. Mai besuchte die Abgeordnetengruppe den neuen Standort des „Bronzenen Soldaten" und legte einen Kranz nieder. Zudem wurden Gerüchte aus der russischen Presse kolportiert, das Denkmal sei während der Verlegung in zwei Teile geschnitten worden (Postimees: 01.05.2007). Dies konnte allerdings vom estnischen Verteidigungsministerium entkräftet werden (Postimees 01.05.2007a).
Sven Mikser, der Vorsitzende des Auswärtigen Ausschusses des *Riigikogu*, traf die Delegation der *Duma* und bemängelte, dass die Russen mit Vorurteilen im Gepäck angereist seien und sich durch die Rücktrittsforderungen an die Regierung in die internen Angelegen-

---

scher Parteien und Splittergruppen, trat Rogosin 2007 mit der Ankündigung an, den belorussischen Präsidenten Lukaschenko bei den russischen Präsidentenwahlen 2008 zum neuen russischen Präsidenten zu machen – allerdings war das schon aufgrund der Tatsache, dass Lukaschenko kein russischer Staatsbürger ist, nicht möglich. Auch das Ziel, bei den Wahlen zur Duma 2007 25% der Stimmen zu erreichen, verfehlte die Partei, nachdem ihr von vornherein die Registrierung versagt blieb (Kommersant: 04.05.2007, The Moscow Times: 25.07.2007). Auf Fotos zeigt sich Rogosin gerne im Kampfanzug während eines Manövers auf Kuba in den 1980er Jahren, mit Ex-Präsident Wladimir Putin oder dem serbischen Kriegsverbrecher Ratko Mladić (Dmitri Rogosin 2008).

74 Die Reaktionen in Estland brachte Ex-Ministerpräsident Mart Laar auf den Punkt, als er die Rücktrittsforderung der russischen Delegation mit dem Verhalten der Emissäre Stalins im Sommer 1940 verglich, als diese die Annektierung Estlands vorbereiteten (Brüggemann 2008: 135).

heiten Estlands eingemischt hätten (Postimees: 30.04.2007e). Darüber hinaus bedauerte das estnische Außenministerium, dass die Delegation sich nicht bereit zeigte, an einer gemeinsamen Pressekonferenz im Außenministerium teilzunehmen und als Grund vorschob, es hätten dort nicht alle Journalisten zutritt (Außenministerium der Republik Estland 2007).
Der estnische Außenminister Urmas Paet sagte ein geplantes Treffen mit der russischen Delegation kurzfristig ab, da diese nicht auf einer diplomatischen Mission sei, sondern nur zur Verschärfung der Auseinandersetzungen beitragen würde. Der britische *Guardian* zitierte Paet mit dem Statement: „I will not meet with a delegation that spreads only lies regarding events in Estonia and whose objective is not the accurate portrayal of the situation, but rather election campaigning" (Guardian: 01.05.2007). Ende März 2007 hatte Konstantin Kosachew, der Vorsitzende des Auswärtigen Ausschusses der russischen *Duma*, noch angeregt, die notwendige Verlegung des Denkmals zu akzeptieren und sich von russischer Seite aus an der Angelegenheit zu beteiligen, was ihm in Russland herbe Kritik einbrachte. Auch war er folglich nicht an der „Fact-finding Mission" beteiligt (Internationales Zentrum für Verteidigungsstudien: 12.05.2007).

Der damalige russische Präsident Wladimir Putin meldete sich offiziell erst am 9. Mai, dem „Tag des Sieges", zu Wort. Während der offiziellen Parade zum 62. Jahrestag des Sieges über den Hitlerfaschismus auf dem Roten Platz warnte er vor Regierungen, welche die Heldentaten der Sieger des Zweiten Weltkrieges schmälerten und damit neue Zwietracht und Misstrauen zwischen Völkern und Staaten säten (Interfax: 09.05.2007). Auf diesen Vorwurf reagierte der estnische Premier Ansip einen Tag später, als er der *Postimees* gegenüber erklärte, der russische Präsident Putin und nicht die estnische Regierung habe sich der Grabschändung schuldig gemacht (Postimees: 10.05.2007). Damit spielte er auf einen Vorfall an, der sich kurz zuvor in Russland ereignet und ebenfalls einen Denkmalstreit verursacht hatte. Dabei waren in dem Moskauer Vorort Khimki wegen der Erweiterung einer Autobahn am 18. April 2007 die sterblichen Überreste von vier Piloten der sowjetischen Luftwaffe und zwei Soldaten der Roten Armee exhumiert worden, was laut der Tageszeitung *Nesawissimaja Gaseta* für eine Welle der Entrüstung in Russland gesorgt hatte (Nesawissimaja Gaseta: 24.05.2007). Vor allem die Kommunistische Partei (KPFR) in Russland kritisierte diese Aktion aufs Schärfste und setzte sich für die Gefallenen ein, deren Überreste der regierungskritischen Zeitung *Novie Izvestija* zufolge nur unvollstän-

dig mit Bulldozern aus der Grabanlage entfernt wurden und teilweise mehrere Tage im Regen lagen (Novie Izvestija: 20.04.2007). Am 22. April kam es an dem entfernten Denkmal zu einer nicht genehmigten Protestkundgebung einer kommunistischen Jugendorganisation, welche von der russischen Miliz gewaltsam aufgelöst wurde. Mehrere Aktivisten wurden verhaftet und traten in einen Hungerstreik (ANN News: 23.04.2007). Zuvor hatte der erste stellvertretende *Duma*-Vorsitzende Wladimir Katrenko, Mitglied der Putin-Partei „Einiges Russland", bereits mit einer parlamentarischen Anfrage im russischen Parlament für Wirbel gesorgt, als er den Abriss eines Denkmals für im Zweiten Weltkrieg gefallene Kosaken in der Region Stawropol kritisch hinterfragt und angemerkt hatte, man könne Estland für die geplante Verlegung eines Denkmals nur sehr schwer kritisieren, wenn es Parallelen zu den Vorgängen im eigenen Land gäbe (ANN News: 21.02.2007).
Nachdem am 28. April drei russische Supermarktketten den Boykott von estnischen Waren verkündet hatten, forderte am 1. Mai der Moskauer Bürgermeister Juri Luschkow einen russlandweiten Boykott von allem, was mit Estland zu tun habe. Firmen sollten ihre Geschäftsbeziehungen mit estnischen Partnern aufkündigen. Der Staat habe sein negatives, faschistisches Gesicht gezeigt, und es sollte niemandem der Versuch gestattet sein, die Geschichte umzuschreiben (Interfax: 01.05.2007). Auch die russische Jugendorganisation *Naschi* rief zum Boykott estnischer Waren und zur Schließung estnischer oder mit Estland verbundener Betriebe[75] in Russland auf (KAPO-Yearbook 2007: 13).

Außerhalb Russlands gibt es über 20.000 Friedhöfe, auf denen über drei Millionen russische und sowjetische Soldaten und Offiziere ruhen. Aufgrund dieses enormen weiteren Konfliktpotenzials beschloss die Regierung in Moskau im Herbst 2007 die Einrichtung von speziellen ausländischen Vertretungen, welche sich ausschließlich mit der Kontrolle der Soldatenfriedhöfe im Ausland beschäftigen sollen. So sind die Etablierung solcher Einrichtungen in Polen, Deutschland, Ungarn, Tschechien, Litauen, Rumänien und China

75 Im Jahresbericht der estnischen Geheimpolizei von 2007 wird diese Boykottaktion mit dem „berüchtigten Vorgehen der Nazis gegen den Besitz und die Kultur der Juden in Deutschland zu Beginn der 1930er Jahre" verglichen. „Während die Nazis darauf abzielten, das Dritte Reich judenfrei zu machen, wollen die heutigen extremistischen russischen Jugendorganisationen, welche ausländerfeindliche Ideologie propagieren, Russland von Fremden säubern" (KAPO-Yearbook 2007: 13).

geplant, wobei die Vertretung in Litauen für das gesamte Baltikum zuständig sein soll, jene in Tschechien auch für die Slowakei sowie die chinesische Präsenz sich um die Belange der Friedhöfe in Japan, Nordkorea und der Mongolei kümmern soll. Allerdings bleibt offen, wie die eingeplanten 29 Vollzeitkräfte eine so immense Aufgabe bewältigen sollen (Ria Novosti: 08.11.2007).
Die Russländische Föderation bemüht sich um weitere bilaterale Abkommen zum Schutz der Kriegsgräber im Ausland. Im Februar 2008 wurde ein solches Abkommen durch einen Beschluss des Außenpolitischen Ausschusses des lettischen Parlaments *Sejm* mit Lettland getroffen, um Ereignissen wie denen in Estland vorzubeugen. Somit stehen die 150.000 in Lettland beerdigten sowjetischen Soldaten sowie die 109 in Russland begrabenen Letten seitdem unter dem Schutz der jeweiligen Regierungen, was auch die Instandhaltung der Anlagen einschließt (Ria Novosti: 28.02.2008).
Einen anderen Weg zum Schutz sowjetischer Kriegsdenkmäler geht man beispielsweise im bulgarischen Plowdiw. Dort war nach dem 50-jährigen Jubiläum des örtlichen „Aljoscha"-Denkmals im November 2007 beschlossen worden, alle in Bulgarien befindlichen Denkmäler aus der Okkupationszeit fortan von russischen Schülergruppen restaurieren und instandhalten zu lassen (The Voice of Russia: 26.01.2008). Auch in Plowdiw hatte es zuvor eine Auseinandersetzung darüber gegeben, das Denkmal entfernen zu lassen. Im Zuge des Streits wurde auch hier durch die russischstämmige Minderheit eine ganztägige Bewachung des Denkmals organisiert, und Veteranen der Roten Armee in Bulgarien drohten mit Selbstverbrennung, sollte das Denkmal abgebaut werden. Letztendlich entschied der Oberste Gerichtshof Bulgariens gegen eine Verlegung des Monuments, und der sozialistische Premierminister Sergei Stanischew bestätigte bei einem Besuch in Moskau, dass sich niemand erdreisten werde, das Denkmal auch nur zu berühren (Ria Novosti: 08.11.2007).

Bereits am 27. April 2007 äußerte das Außenministerium Weißrusslands seine volle Unterstützung für die russische Position. In einer Pressemitteilung wurde erklärt, die Freveltaten in Estland wider die Opfer des Zweiten Weltkrieges, welchem ein Drittel der belorussischen Bevölkerung zum Opfer gefallen sei, hätten im Land für Entrüstung und Bedauern gesorgt. Die verantwortungslosen Taten der Staatsgewalt in Form von Kriegsgräberschändung und des unverhältnismäßigen Gebrauchs von Gewalt gegen friedliche Demonstranten hätten jedermann davon überzeugt, dass allein die estnische Regierung für die dramatischen Vorfälle verantwortlich sei. Man bedauere die Entscheidung Estlands, den Kampf gegen Tote aufgenommen zu haben (Außenministerium der Republik Weißrussland 2007).

Am gleichen Tag erklärte sich laut der russischen Nachrichtenagentur *Itar-Tass* ebenfalls das kirgisische Parlament solidarisch mit der Position Russlands und verurteilte die Demontage des Denkmals in Tallinn mit der Erklärung, es handele sich um einen „gegen die Geschichte gerichteten Akt" (Itar-Tass: 27.04.2007). Auch der Vorsitzende des Auswärtigen Ausschusses des kasachischen Parlaments *Majilis*, Serik Abdrakhmanow, verurteilte die Geschehnisse in Tallinn und nannte laut der Nachrichtenagentur *Ria Novosti* das Vorgehen der estnischen Regierung „barbarisch" (Ria Novosti: 27.04.2007).

Die Position der Russländischen Föderation wurde auch aus Belgrad unterstützt. Das serbische Außenministerium erklärte in einer Pressemitteilung vom 3. Mai, die Zukunft Europas sei untrennbar mit dem Bekenntnis zur gemeinsamen europäischen Geschichte verbunden. Mit ihrer unilateralen Entscheidung im Vorfeld des 9. Mai habe die Regierung in Tallinn sich dieser gemeinsamen Geschichte entgegen gestellt (Außenministerium der Republik Serbien 2007).

Altbundeskanzler Gerhard Schröder schloss sich der russischen Kritik am Vorgehen der estnischen Regierung an und erklärte am 28. April, die Verlegung des Denkmals sei verletzend für die Russen, die gegen Nazi-Deutschland gekämpft hätten, und nannte es laut der *Deutschen Presseagentur* stil- und pietätlos, wie mit dem Gedenken an den Zweiten Weltkrieg in Estland umgegangen werde. Dies widerspreche jedem zivilisierten Verhalten (Netzzeitung 2007). Daraufhin sagte Premierminister Ansip ein am 8. Mai 2007 geplantes Treffen mit Schröder in Zusammenhang mit der geplanten Pipeline durch die Ostsee ab (Eesti Päevaleht: 30.04.2007).

4.3 Europäische Staaten und Israel

Unterstützung in der sich anbahnenden diplomatischen Krise mit Russland fand Estland in weiten Teilen der Europäischen Union.

Das lettische Außenministerium verurteilte in einer Mitteilung vom 27. April die Ausschreitungen in Tallinn aufs Schärfste und betonte, politische Meinungen, welche sich nicht mit den Entscheidungen der Regierung deckten, müssten in demokratischer Form artikuliert werden, nicht durch Akte von Vandalismus (Außenministerium der Republik Lettland 2007). Auch aus Litauen erhielt die estnische Regierung in ihrer politischen Linie volle Unterstützung. Präsident

Valdas Adamkus erklärte, die sowjetische Armee hätte den baltischen Staaten keinen Frieden gebracht und es gebe keinerlei Gründe, Estland für die Umbettung von Überresten sowjetischer Soldaten zu verurteilen (Präsident der Republik Litauen 2007). Auch das litauische Parlament *Sejm* verfasste eine Erklärung, in der die russische Politik als Einmischung in die internen Angelegenheiten Estlands bezeichnet und verurteilt wurde (Kommersant: 04.05.2007).
Der finnische Premierminister Matti Vanhanen, Schwedens Außenminister Carl Bildt und sein norwegischer Amtskollege Jonas Gahr Støre bezeichneten die Vorkommnisse als ein rein estnisches Problem, welches der Staat ohne internationale Einmischung lösen könne und solle (Postimees: 30.04.2007b, Dagens Nyheter: 29.04.2007, Aftenposten: 29.04.2007). Dem schloss sich auch der damalige ukrainische Außenminister Arsenij Jazenjuk an, der betonte, die Entscheidung des souveränen Staates Estland müsse respektiert werden. Gleichzeitig äußerte er die Notwendigkeit einer baldigen Verständigung beider Seiten, deren Positionen jeweils nachvollziehbar seien (Außenministerium der Ukraine 2007). In einem Telefonat mit seinem Amtskollegen Urmas Paet sicherte auch der mazedonische Außenminister Antonio Milošoski die volle Unterstützung der Position Estlands durch sein Land zu (Außenministerium der Republik Estland 2007).
Am 2. und 3. Mai bezeichneten das U.S. State Department und der amerikanische Senat die Ereignisse in Tallinn als eine rein innere Angelegenheit Estlands und zeigten sich besorgt um die Sicherheit des Botschaftspersonals in Moskau (US State Department 2007, US Senat 2007).

Auch der damalige israelische Vize-Premierminister Shimon Peres sagte am 16. Mai 2007 gegenüber Journalisten in Tallinn, es handele sich bei den Vorgängen um eine innere Angelegenheit Estlands, und die Regierung hätte die Angelegenheit mit größter Sorgfalt und Weisheit behandelt (Postimees: 16.05.2007). Peres weilte während seiner Aussage in Estland und wohnte der Einweihung der ersten jüdischen Synagoge bei, die seit der Zerstörung aller jüdischen Gotteshäuser während der deutschen Besatzung im Zweiten Weltkrieg gebaut worden war (Jerusalem Post: 21.02.2005).
Allerdings gab es auch kritische Stimmen aus der jüdischen Gemeinschaft. In einem Artikel in der *Jerusalem Post* einige Tage nach der Verlegung des „Bronzenen Soldaten" in Tallinn kritisierte Efraim Zuroff erneut den Unwillen der estnischen Regierung, die Beteiligung von Esten an der Nazi-Herrschaft aufzuarbeiten:

„The lack of political will in Tallinn to prosecute Holocaust perpetrators is clearly evident in public pronouncements by officials [...], an assertion that ignores the active participation of numerous Estonians in WWII era crimes and the support of much of the local population for the Nazi occupation" (Jerusalem Post: 02.05.2007).

Das gespannte Verhältnis von Israel zu Estland und den anderen baltischen Staaten nach der Kollaboration von Teilen der Bevölkerung mit den Nazis bei der Judenvernichtung während der deutschen Besatzungszeit erfuhr erst in 2005 eine relative Neubewertung. Damals besuchte Präsident Moshe Katsav als erstes israelisches Staatsoberhaupt überhaupt Estland, Lettland und Litauen, um damit eine Phase der Annäherung einzuleiten (Jerusalem Post: 21.01.2005). Efraim Zuroff erneuerte im Sommer 2007 in der *Frankfurter Allgemeinen Zeitung* seine Kritik an der mangelnden Verfolgung von NS-Verbrechern in Estland.

„Der Holocaust war nicht: Deutsche gegen die Juden. Er war: Europa gegen die Juden. In jedem europäischen Land haben die Nazis Helfer gefunden. Aber in den westlichen, südlichen und nördlichen Ländern hörte die Kollaboration an den Bahnhöfen auf. Die Juden wurden nicht von holländischen Polizisten ermordet, sie wurden von ihnen nur in den Zug gesetzt. Umgebracht hat man sie im Osten [...]. In Estland [...] fanden die Deutschen sehr viele Menschen, die bereitwillig gemordet haben. Das will natürlich in diesen Ländern niemand hören. Ich kämpfe für die historische Wahrheit" (Frankfurter Allgemeine Zeitung: 10.07.2007).

Ausgelöst wurde die erneute Kritik an Estland neben der Verlegung des „Bronzenen Soldaten" auch durch die Geburtstagsfeier des estnischen Justizministers Rein Lang. Dieser beging die Feier am 4. Juli 2007 in einer rustikalen Kneipe im estnischen Tartu und bat seine Gäste in der Einladung, in der Verkleidung von Besuchern Münchner Wirtshäuser der 1930er Jahre zu erscheinen. Als Rahmenprogramm wurde exklusiv das Ein-Mann-Theaterstück „Adolf"[76] dargeboten, welches einen fiktiven Monolog Adolf Hitlers kurz vor dessen Selbstmord darstellt, Jahre zuvor in Estland Premiere hatte und für kontroverse Schlagzeilen sorgte. Zu späterer Stunde posierte der

76 Das preisgekrönte, antifaschistische Stück des Engländers Pip Utton aus den 1990er Jahren wurde in verschiedenen Ländern Europas dargeboten, aus Angst des Autors vor einem neonazistischen Publikum allerdings nur wenige Male in Deutschland aufgeführt und setzt nach Meinung der *Berliner Zeitung* „ein eindeutiges Zeichen gegen Rassismus" (Berliner Zeitung: 31.05.2002), obwohl andererseits Utton auch Zuschauer nach dem Stück für seine Polarisierungen bzw. vermeintlich nazistischen Ansichten gratulierten (Die Welt: 24.08.1999).

Minister vor einer überdimensionalen Hakenkreuzfahne, welche Teil der Bühnendekoration war (Der Spiegel: 30.07.2007). Lang war Wochen zuvor schon Zielscheibe der Kritik, vor allem in den russischen Medien, als er nach den Unruhen in Tallinn weitere Massenunruhen zu den Feierlichkeiten des 9. Mai vorher sagte, die einen Staatsstreich der russischen Minderheit gegen die Regierung vorbereiten würden. Außerdem ist Lang ein entschiedener Gegner der Einführung von rechtlichen Sanktionen für die Leugnung des Holocaust (Regnum: 05.07.2007). Gekrönt wurde der Vorfall durch die so genannte „Wikigate-Affäre", wobei ein Benutzer des Internetlexikons *Wikipedia* mehrmals die Passagen aus der Biographie Langs über die Ereignisse an dessen Geburtstag gelöscht hatte. Dieser stellte sich kurze Zeit später als ein enger Mitarbeiter Langs heraus, der offenbar auf Langs Anweisung hin die entsprechenden Abschnitte entfernt hatte (Postimees: 25.07.2007, Eesti Päevaleht: 26.07.2007).
Lang bezeichnete die Angelegenheit an seinem Geburtstag als Teil einer privaten Veranstaltung und das Stück als antifaschistisch (The Baltic Times: 11.07.2007). Er entschuldigte sich nicht für den Vorfall, und im Vergleich zu anderen Fällen wurden auch nur wenige Stimmen laut, die seinen Rücktritt forderten.
Der ehemalige estnische Verteidigungs- und Außenminister Jaak Jõeruut musste im September 2005 von der Spitze des Verteidigungsministeriums zurücktreten, weil Indrek Tarand, Museumsdirektor in Tallinn und ein ehemaliger Botschafter und Staatsminister im Außenministerium, ein T-Shirt mit der Aufschrift *„kommarid ahju"* (Kommunisten in den Ofen) getragen hatte. Dies hatte ein gewaltiges Echo in Estland und Russland ausgelöst. Nach der Aussage Tarands, er hätte mit dem Tragen des T-Shirts pädagogisches Verhalten an den Tag legen wollen, trat Jõeruut als der zuständige Minister für die estnischen Museen zurück (Aripaev: 27.09.2005, Postimees: 28.09.2005).

Am stärksten wurde die Position Estlands von Polen und Georgien vertreten, welche in der jüngeren Vergangenheit ebenfalls heftige außenpolitische Auseinandersetzungen mit Russland hatten und teilweise heute noch haben. In Polen war der Dissens mit Russland geprägt von wirtschaftlichen Auseinandersetzungen und dem polnischen Veto gegen die Verhandlungen um eine neues Abkommen der Europäischen Union (EU) mit der Russländischen Föderation, in Georgien kulminierten die Streitpunkte um die abtrünnigen georgischen Gebiete Abchasien und Südossetien mit Moskau im August 2008 gar in einem kriegerischen Konflikt.

Der polnische Präsident Lech Kaczyński versprach der Tageszeitung *Gazeta Wyborcza* vom 30. April 2007 zufolge dem estnischen Präsidenten Ilves in mehreren Telefonaten die uneingeschränkte Unterstützung Polens, vor allem auf der Ebene der Europäischen Union (Gazeta Wyborcza: 30.04.2007). Auch wurde durch den polnischen Minister für Kultur, Kazimierz Ujazdowski, ein Gesetz in Polen angekündigt, welches es lokalen Behörden fortan erleichtern sollte, kommunistische Symbole von Straßen und Plätzen zu entfernen[77]. Dabei wurde ein direkter Bezug zur Solidarität mit Estland hergestellt (Gazeta Wyborcza: 08.05.2007). Der sowjetische Dissident und Menschenrechtsaktivist Sergej Kowaljow traf mit einem vielbeachteten Artikel in der *Gazeta Wyborcza* die Stimmung in Polen, als er den hyperkritischen offiziellen Reaktionen aus Russland doppelte Standards vorwarf und den Ursprung der Auseinandersetzungen daraus herleitete, dass sich die aktuellen russischen Politiker als Nachfolger der Stalin-Ära nie für die Umwandlung Osteuropas in ein Konzentrationslager entschuldigt hätten (Gazeta Wyborcza: 02.05.2007).
Am 8. Mai 2007 verabschiedete das georgische Parlament eine Resolution, welche die Versuche der Provokation von weiteren Auseinandersetzungen in Zusammenhang mit der Verlegung des Denkmals in Tallinn verurteilte. Auch nahm die Resolution direkten Bezug auf die Politik Moskaus und verurteilte ebenso „die Unfähigkeit Russlands, die Angriffe auf die estnische Botschaft in Moskau und auf die estnische Botschafterin zu beenden" (Civil Georgia 2007). Die Präsidentin des georgischen Parlaments, Nino Burdschanadse, welche ihrer estnischen Amtskollegin Ene Ergma schon in der Vorwoche telefonisch die Solidaritätserklärung des georgischen Parlaments übermittelt hatte (Außenministerium der Republik Estland 2007), erklärte im Mai 2007 zusätzlich, die ständigen Interventionen Russlands in die inneren Angelegenheiten Estlands verletzten internationale Abkommen (Kommersant: 04.05.2007).

Ähnlich wie weite Teile der russischen Presse sich äußerst einseitig den verschiedenen Parteien in dem estnischen Konflikt näherten, war dies teilweise auch auf der „westlichen" Seite zu spüren. So bezog beispielsweise die europäische Ausgabe des *Wall Street Journal* sehr polemisch und vereinfachend Stellung zu dem Thema und verglich die Besetzung Estlands durch die Sowjetunion 1944 mit der deutschen Invasion in Frankreich im Zweiten Weltkrieg:

---

77 Dieses Gesetz gilt allerdings nicht für den Umgang mit Militärfriedhöfen und Kriegsgräbern.

"The Estonian government transferred the bronze statue of a Red Army soldier and exhumed remains of Soviet troops to a military cemetery near the capital. Estonians are generous to keep them at all. The Soviets annexed their country in 1940 and only let go 51 years later. France doesn't have a memorial to the Nazi occupation" (The Wall Street Journal: 30.04.2007).

4.4 Europäische Organisationen und internationale Bündnisse

Eine offizielle Stellungnahme des Rates der Europäischen Union zu den Vorfällen in Tallinn hat es nicht gegeben. Dennoch berichtete die *Baltic Times* von einem Telefongespräch des Hohen Vertreters für die Außen- und Sicherheitspolitik der EU, Javier Solana, mit dem estnischen Präsidenten Ilves, in dem Solana sein Verständnis für Estland ausgedrückt und diesem die Unterstützung seitens der EU zugesichert habe (The Baltic Times: 29.04.2007). Die Unterstützung manifestierte sich am 2. Mai, als die EU-Kommission sich besorgt um die Ereignisse in Moskau zeigte und die Russländische Föderation dazu aufrief, die Wiener Konvention über diplomatische Beziehungen zu befolgen und die estnische Botschaft ausreichend zu schützen. Auch wurde eine EU-Delegation angekündigt, welche sich vor Ort über die Geschehnisse informieren und die Kritik an der russischen Missachtung der Wiener Konvention überbringen würde (Kommersant: 03.05.2007).

In der Plenarsitzung vom 9. Mai formulierte das Europäische Parlament fraktionsübergreifend seine Unterstützung für Estland und kritisierte Russland für den Verstoß gegen diplomatische Sitten und internationale Konventionen. Der französische Abgeordnete Joseph Daul machte die gemeinsame Position des Gremiums am deutlichsten, als er sagte: „Today, we are all Estonians" und betonte, der russische Versuch zur Spaltung Europas würde keinen Erfolg haben (Europäisches Parlament 2007a). Am 24. Mai verabschiedete das Parlament eine deutliche Resolution zu Estland[78], welche die Attacken auf den Staat als einen Testfall für die Solidarität der Europäischen Union bezeichnete und Russland zu einem unbefangenen Dialog mit den Demokratien Mittel- und Osteuropas über die Geschichte des 20. Jahrhunderts aufforderte. Dieser sollte auch die Verbrechen gegen die Menschlichkeit des totalitären Kommunismus beinhalten. Das Parlament nahm dabei direkt Bezug auf die Resolution zum 60-jährigen Jubiläum des Endes des Zweiten Weltkriegs vom 12. Mai 2005, in der das Gremium zu der Schlussfolgerung gelangte, dass

---

78 Resolution P6_TA(2007)0215.

„das Ende des Zweiten Weltkriegs für einige Nationen eine erneute Diktatur, diesmal durch die stalinistische Sowjetunion, bedeutete", und die Länder Mittel- und Osteuropas dazu beglückwünschte, „nach so vielen Jahrzehnten unter sowjetischer Herrschaft und Besatzung" endlich frei geworden zu sein (Europäisches Parlament 2007b).
Die allgemeine Rolle der EU bezüglich der Aufarbeitung von Verbrechen während der sowjetischen Besatzung Osteuropas folgt allerdings kaum einem Impetus der Aufklärung oder Aufarbeitung. Die EU-Justizminister haben sich zwar bei ihrem Rahmenbeschluss zur Bekämpfung von Rassismus und Fremdenfeindlichkeit im April 2007 auch darauf geeinigt, die Leugnung von Genozid und Kriegsverbrechen zu bestrafen - die Verbrechen des Stalin-Regimes stehen jedoch nicht mit auf der Liste, wobei die EU die ihr zugedachte Rolle als „normative Macht" (Østergård 2007: 29ff.) in der historischen Aufarbeitung konsequent verweigert.

> „Der Grund ist," so die litauische Zeitung *Diena*, „dass es zu diesen Verbrechen bislang noch kein internationales juristisches Urteil gibt. Immerhin hat die EU-Kommission ihre Zustimmung gegeben, dass es zu einer Anhörung darüber kommt, was die Rote Armee in den ‚befreiten Gebieten' zur Stalin-Zeit wirklich angerichtet hat" (Diena: 23.04.2007).

Auch auf nationaler Ebene innerhalb der alten EU-15 ist die kritische Aufarbeitung der kommunistischen Verbrechen teilweise noch sehr umstritten und auf den Fokus Westeuropas mit seiner Holocaust-zentrierten Sichtweise auf den Zweiten Weltkrieg festgelegt, was sich auch in der Politik der EU-27 niederschlägt. So verfassten im April 2008 253 schwedische Historiker einen Protestbrief gegen die Neuausrichtung der Forschungsarbeit des staatlichen Forums für lebendige Geschichte in Schweden von den Verbrechen des Nationalsozialismus auf die Aufarbeitung von Verbrechen im Namen des Kommunismus. Dies geschah, wie die schwedische Zeitung *Sydsvenska Dagbladet* berichtete, da die Verbindung zwischen kommunistischer Ideologie und Völkermord nach wie vor umstritten sei, weshalb eine derartige Untersuchung besser nicht stattfinden sollte (Sydsvenska Dagbladet: 03.04.2008).

Die äußerst kritische Haltung des Europarates brachte René van der Linden, der Präsident der Parlamentarischen Versammlung des Europarates (PACE), am 27. April zur Sprache. Er bedauerte den Schritt der estnischen Regierung, das kontrovers betrachtete Monument entfernt zu haben, statt sich seiner Vermittlung zu öffnen. Van der

Linden kritisierte die Benutzung des Denkmals als politisches Instrument:

„I understand that the monument is controversial as it symbolises, although in different ways, painful moments of Estonia and Russia's past. Precisely because of this, the soldiers that this memorial commemorates should have been left to rest in peace rather than being used as a political tool" (Europarat 2007a).

Im Januar 2006 hatte die Parlamentarische Versammlung des Europarates die Resolution zur Notwendigkeit der internationalen Verurteilung von Verbrechen totalitärer kommunistischer Regime[79] beschlossen, welche mit der oben genannten Resolution des Europäischen Parlaments aus dem Vorjahr vergleichbar ist (Europarat 2006). Bis auf den Vorsitzenden der Liberal-Demokratischen Partei Russlands (LDPR), Wladimir Schirinowski, stimmte die gesamte russische Delegation im PACE gegen die Resolution und verurteilte parteiübergreifend den, so die Interpretation, Angriff auf Russland als den Rechtsnachfolger der UdSSR. Konstantin Kosachew, der Vorsitzende des Auswärtigen Ausschusses der russischen *Duma*, erklärte gegenüber der russischen Zeitung *Kommersant*:

„We principally disagree with the comparison of communism to Nazism. There are obvious differences in those ideologies. Nazism's goal was the happiness of one nation, the Aryan nation, at the expense of all the others. Communism tried to make all of humanity happy" (Kommersant: 25.01.2006).

Kosachew von der Kreml-Partei „Einiges Russland" und der Vorsitzende der Kommunistischen Partei Russlands *(KPRF)*, Gennadi Sjuganow, etablierten sich als Hauptgegner der Resolution. Die Vorarbeiten zu der Resolution beruhten unter anderem auf den Erkenntnissen des „Schwarzbuch des Kommunismus"[80], in dem die weltweiten Verbrechen des Kommunismus zusammengestellt worden sind und als „Roter Holocaust" bezeichnet werden. Eine der zahlreichen Gegen- und Protestaktionen der KPRF war unter anderem, die internationalen Verbrechen des Kapitalismus[81] in einem Buch zusammenzustellen (KAPO-Yearbook 2005: 28).

---

79 Resolution 1481 (2006).

80 Vgl. Courtois, Stéphane u.a. (2004): Das Schwarzbuch des Kommunismus – Unterdrückung, Verbrechen und Terror. München: Piper Verlag.

81 Im Jahresbericht der estnischen Geheimpolizei vergleicht diese die Reaktion der *KPRF*, die Verbrechen des Kapitalismus in einem Buch zusammenzufassen, mit dem Aufruf des iranischen Präsidenten Mahmud Ahmadinedschad von 2006 zu einem Karikaturen-Wettbewerb zum Holocaust als

Nachdem das Denkmal in Tallinn schon kurze Zeit nach dem Abbau wieder aufgestellt wurde, rief der Generalsekretär des Europarates, Terry Davis, am 5. Mai zu einer Verständigung zwischen Estland und Russland auf. Er könne die Beweggründe der estnischen Regierung nachvollziehen, sei aber mit der Art und Weise des Vorgehens unzufrieden, da die Konfliktträchtigkeit im Vorfeld deutlich gewesen sei. Zudem kritisierte er das Verhalten der russischen Seite, welche ihre Meinung respektvoller und weniger emotional vertreten solle. Abschließend forderte er die beiden Länder auf, im Rahmen der Feierlichkeiten zum Ende des Zweiten Weltkriegs den Disput zu beenden und der Toten gemeinsam zu gedenken (Europarat 2007b).

Am 3. Mai 2007 erklärte sich die NATO in einer Pressemitteilung solidarisch mit den estnischen Forderungen nach der Einhaltung der russischen Pflichten im Rahmen der Wiener Übereinkommen über diplomatische Beziehungen und drängte auf eine Beilegung des durch die Verlegung des Denkmals entstandenen Konflikts auf bilateraler Ebene (NATO 2007). Zuvor hatte NATO-Generalsekretär Jaap de Hoop Scheffer bereits in einem Telefonat mit dem estnischen Präsidenten Ilves die Unterstützung der Allianz für Estland zugesichert und die russische Politik vehement kritisiert (Außenministerium der Republik Estland 2007).

Der UN-Generalsekretär Ban Ki Moon appellierte in einer Pressemitteilung von Mai 2007 an die Konfliktparteien, eine Lösung des Konflikts in einem respektvollen und versöhnlichen Geiste herbeizuführen (United Nations 2007).

Reaktion auf die Mohammed-Karikaturen in der dänischen Zeitung *Jyllands Posten* (KAPO-Yearbook 2005: 28).

5 Deutungsmuster des Konflikts

5.1 Erinnerungstheorie

Nach der Darlegung der Ereignisse im estnischen „Krieg der Denkmäler" kann nun die inhaltliche Basis zur Analyse der Vorkommnisse in Hinblick auf die Fragestellung erfolgen, inwiefern durch die Vergangenheits- und Geschichtspolitik der estnischen Regierung eine Marginalisierung der russischen Minderheit innerhalb der estnischen Gesellschaft stattgefunden hat.
Dabei gilt es, die beiden Schlüsselbegriffe dieser Analyse zu bestimmen, nämlich *Erinnerungskultur* und *Geschichtspolitik.* Zuvor ist jedoch auf die grundlegenden Begriffe *Geschichte, Gedächtnis* und *Erinnerung* einzugehen. Diese stellen die Grundlage des untersuchten Forschungsfeldes dar und bilden das Fundament für die Konzepte und Untersuchungsbereiche *Erinnerungskultur* und *Geschichtspolitik.* Die Problematik, dass diese grundlegenden Begrifflichkeiten in den öffentlichen Diskussionen oft nicht in ausreichendem Maße definiert wurden und werden, macht eine Begriffsbestimmung notwendig.

5.1.1 Geschichte, Erinnerung und Gedächtnis

Diese Arbeit geht davon aus, dass Geschichte, Erinnerung und Gedächtnis nicht unveränderlich und absolut sind, sondern in ihrer unmittelbaren Verbindung mit Gegenwart und Zukunft ständigen Neubewertungen und -interpretationen ausgesetzt sind. In diesem Kontext formulierte Karl Marx die Wirkung der Geschichte auf die Gegenwart folgendermaßen:

> „Die Menschen machen ihre eigene Geschichte, aber sie machen sie nicht aus freien Stücken unter selbstgewählten, sondern unter unmittelbar vorhandenen, gegebenen und überlieferten Umständen. Die Tradition aller todten Geschlechter lastet wie ein Alp auf dem Gehirne der Lebenden" (Marx 2007: 9).

Maurice Halbwachs stellte in diesem Kontext fest, dass das gleiche historische Ereignis von unterschiedlichen Gruppen oft auch unterschiedlich interpretiert und ins kollektive Gedächtnis einer Gemeinschaft transferiert wird:

> „Die Geschichte kann als das universale Gedächtnis des Menschengeschlechtes erscheinen. Aber es gibt kein universales Gedächtnis. Jedes kollektive Gedächtnis hat eine zeitlich und räumlich begrenzte Gruppe zum Träger" (Halbwachs 1967: 72f.).

So herrscht im allgemeinen Einigkeit darüber, dass Geschichte und Vergangenheit nicht schlichtweg existieren, sondern in allen Gesellschaften wesentlich von gegenwärtigen Interessen bestimmt und dementsprechend konstruiert[82] werden (Nora 1990: 11-33, Assmann 1992). Die Beschäftigung mit einer bewegten Vergangenheit als Orientierungshilfe für den Weg in eine bessere Zukunft wird in den Vordergrund gestellt, womit Erinnerung nicht nur vage mit der Vergangenheit, sondern explizit als Mahnung mit der Zukunft in Zusammenhang gebracht wird. Dies stellt einen wichtigen Faktor für das demokratische Gemeinwesen dar (Faulenbach 1997: 9) und kann laut Rauschenbach sowohl dem Gerechtigkeitsideal als auch der Ausformung einer moralischen Souveränität innerhalb einer Gesellschaft dienen (Rauschenbach 1998) - sofern die Vergangenheit als „Sinngenerator" (Rüsen 1999: 371) nicht in negativem Hinblick missbraucht wird. Dadurch sind Gesellschaften in der Lage, sich je nach Bedarf unter besonderer Betonung bestimmter historischer Aspekte oder sogar deren bewusster Ausblendung an der Vergangenheit zu orientieren, um damit eine aktuelle Entwicklung in der Gegenwart für die Zukunft zu bestimmen. Halbwachs beschreibt in diesem Zusammenhang die Zudichtung und das Weglassen bestimmter Vergangenheitsfragmente im kollektiven Gedächtnis als deren „Rekonstruktion":

> Die „Erinnerung ist in sehr weitem Maße eine Rekonstruktion der Vergangenheit mit Hilfe von der Gegenwart entliehenen Gegebenheiten und wird im übrigen durch andere, zu früheren Zeiten unternommene Rekonstruktionen vorbereitet, aus denen das Bild von ehemals schon recht verändert hervorgegangen ist" (Halbwachs 1967: 56f.).

In diesem Kontext wird deutlich, dass Erinnerung und Gedächtnis auf der einen sowie Geschichte auf der anderen Seite nicht immer übereinstimmen müssen, sondern zum Teil in fundamentaler Opposition zueinander stehen. So stellt Halbwachs fest: „Geschichte beginnt im allgemeinen erst an dem Punkt, wo die Tradition aufhört und sich das soziale Gedächtnis auflöst" (Assmann 1992: 44). Auch

---

82 Die so genannten „Entrepreneurs de mémoire" (Maurice Halbwachs), die „Erinnerungsunternehmer", spielen in der vorliegenden Analyse eine wichtige Rolle. Dabei handelt es sich um Personen, welche über die Möglichkeit verfügen, das kollektive Gedächtnis zu beeinflussen. Dies trifft besonders auf die politische Elite zu, die über einen privilegierten Zugang zu Medien und Institutionen verfügt. Mit der Legitimation als Volksvertreter durch das Wahlvolk besitzen diese weitreichende Möglichkeiten, die von Seiten der Bürger bestehenden Orientierungsbedürfnisse in ihrem Sinne und/oder im Sinne einer Ideologie zu befriedigen.

Nora konstatiert, dass die Geschichte die selektive Wahrnehmung im Gedächtnis bedroht, denn da dieses „affektiv und magisch ist, behält es nur die Einzelheiten, welche es bestärken [...]. Das Gedächtnis ist der Geschichte stets verdächtig, und ihre wahre Mission besteht darin, das Gedächtnis zu zerstören und zu verdrängen" (Nora 1990: 13). So muss trotz des Widerstreits zwischen Erinnerung und Gedächtnis mit der eigentlichen Geschichte eine starke Wechselwirkung zwischen beiden Elementen anerkannt werden, denn Erinnerung konstituiert Geschichte, und Geschichte beeinflusst Erinnerung (Rüsen 1999: 374).
Diese Aspekte geschichts- und erinnerungskultureller Ansätze führen die vorliegende Arbeit nach der allgemeinen Begriffserklärung schließlich auf das Gebiet *Erinnerungskultur* und *Geschichtspolitik*, welche an dieser Stelle definiert werden, um analytisch auf den estnischen Fall angewendet zu werden.

5.1.2 Erinnerungskultur

Erinnerungskultur ist laut Assmann gruppenbezogen und ein universelles Phänomen, da keine Gesellschaft auf Erinnerung verzichten könne (Assmann 1992: 40). Auch Wolfrum bestätigt, dass es noch nie eine politische Gemeinschaft ohne eine gleichsam geteilte Erinnerung als Basis und konstitutives Element gegeben habe (Wolfrum 1999: 17). Dabei, so Nora, sei zentral, was diese „Gedächtnisgemeinschaft" nicht vergessen dürfe (Assmann 1992: 30) und damit auch, was, um die Gemeinschaft nicht zu belasten, aus der Erinnerung ausgeblendet werden könne.
Durch die von Assmann formulierte Annahme, dass eine gemeinsame Geschichte erst durch ihre durch Interessen geleitete Konstruktion „von oben" gebildet wird, wird deutlich, dass Vergangenheit folglich erst entsteht, wenn man sich erinnernd auf sie bezieht. Zur Erschaffung einer neuen, sinnstiftenden Vergangenheit kann nach dieser Ansicht ein nachhaltiger Bruch von Kontinuitäten oder Traditionen[83] führen, der – wie im estnischen Fall mit den Erfahrungen

83 Die Diskussion, ob in Westeuropa der Holocaust als *der* archetypische Zivilisationsbruch (Diner 2007: 13) angesehen wird, aus dessen negativen Gründungsmythos heraus sich die Europäische Union konstituiert hat (Ackermann 2006: 44), oder ob der Totalitarismus nach Bauman schlicht als eine mögliche Entwicklungsform von modernen Gesellschaften anzusehen ist (Levy/Sznaider 2001: 53), muss an dieser Stelle unbeachtet bleiben.

von Okkupation und Zweitem Weltkrieg ab 1940 und der wiedergewonnenen Unabhängigkeit 1991 - einen Neuanfang mit sich bringt.
Mit diesen Neuanfängen wurden in Estland nicht nur neue Kapitel der Geschichte begonnen, sondern auch alte abgeschlossen, wobei im Moment deren genauer Inhalt noch bestimmt wird. Dabei stelle, so Assmann, das Totengedenken durch das Kollektiv die verbreitetste Form von Erinnerungskultur dar, was er als in höchstem Maße gemeinschaftsstiftend interpretiert (Assmann 1992: 61ff.). Dabei sei es von hoher Relevanz, welche Toten nach einem Kontinuitätsbruch in das gemeinschaftliche Gedenken aufgenommen werden und welche davon ausgeschlossen sind. Dies kann wiederum am Beispiel Estlands nach 1991 verdeutlicht werden; nach dem Ende der oktroyierten sowjetischen „Gedächtnisgemeinschaft" wurden die um den „Bronzenen Soldaten" begrabenen Rotarmisten aus dem neuen estnischen Erinnerungskollektiv ausgeschlossen, was letztinstanzlich in deren Exhumierung gipfelte. Andererseits wird der „eigenen Toten" neben der individuellen Trauer durch die Aufstellung von Denkmälern intensiver kommemoriert (vgl. Kapitel 5.3). Jedoch führt nach Assmann nicht nur das Totengedenken zu einer gemeinschaftsstiftenden Form von Erinnerung, auch die über Generationen geschaffenen Selbstbilder von Gesellschaften bilden auf diese Weise eine Kultur der Erinnerung aus (Assmann 1992: 18).
Dabei ist im estnischen Fall signifikant, dass sich die Erinnerung ausschließlich positiv konstituiert. Das geschieht durch das Annehmen der Helden- oder der Opferrolle bei konsequenter Ausklammerung der Täter- oder Mittäterperspektive. Der Aspekt einer negativen Vergangenheit kann laut Dubiel nicht die Integration des Individuums in das Kollektiv zur Folge haben, sondern vielmehr dessen Separation. Dubiel sieht jedoch die Austragung derartiger Erinnerungskonflikte als konstitutiv für die Herausbildung von pluralistischen, demokratischen Gesellschaften an. Insofern sind nicht nur heroische Aspekte der Geschichte und, in abgeschwächter Form, Opferrollen als Basis für die Bildung einer kollektiven Identität wichtig, sondern auch die Anerkennung von Schuld und Mitschuld (Dubiel 1999: 9f.).
Nach Assmann besteht die kollektive Erinnerung aus dem *kommunikativen* und dem *kulturellen Gedächtnis*. Während das kommunikative Gedächtnis individuelle Geschichtserfahrung im Rahmen individueller Biographien und auf Grund von geteilten Erinnerungen mit Zeitgenossen speichert, beinhaltet das kulturelle Gedächtnis eine Art mythische Urgeschichte, welche verbindlicher und von einer offiziel-

len Lesart ist[84] (Assmann 1992: 19f.). Bezüglich der Zeitstruktur handelt es sich bei dem kommunikativen Gedächtnis um ein Generationsgedächtnis, das seine kritische Grenze nach ungefähr 40 Jahren erreicht. Erst nach circa 80 Jahren, so Assmann, wenn alle Zeitzeugen für eine etwaige belastete Vergangenheit oder für Kontinuitätsbrüche ausgestorben sind, kann sich das kulturelle Gedächtnis endgültig aus dem nicht mehr aktuellen kommunikativen Gedächtnis herausbilden. Zwischen diesen beiden Gedächtnisrahmen - bis aus der lebendigen Erinnerung eine offizielle Erinnerung werden kann - entsteht immer eine „fließende Lücke", eine so genannte „floating gap" (Assmann 1992: 48). Während dieser Übergangszeit vom kommunikativen zum kulturellen Gedächtnis wird um die definitive Form sowie den Inhalt des kulturellen Gedächtnisses gerungen.
In einer solchen „floating gap" befinden sich Estland und Russland hinsichtlich der Geschichte des Zweiten Weltkrieges zur Zeit. Die Heftigkeit der Debatten zwischen den beiden Staaten um die gemeinsam erlebte Geschichte manifestiert sich neben den divergierenden Gruppengedächtnissen von ethnischen Esten auf der einen und Russen bzw. ethnischen Russen in Estland auf der anderen Seite auch in dem Streben der politisch Herrschenden nach Legitimation. Diese kann durch die Deutungshoheit über kollektive Erinnerung gewonnen werden: Assmann zufolge bemühen sich Machthaber darum, Geschichte in ihrem Sinne zu linearisieren, indem sie Teile der Geschichte überbetonen und andere auszublenden versuchen, um sie aus dem offiziellen Gedächtnis zu löschen - den Herrschaft „legitimiert sich retrospektiv und verewigt sich prospektiv" (Assmann 1992: 71).

---

84 Interessant bei der Bewertung von Geschichtspolitik ist dabei ein Vergleich zwischen privaten Familiengeschichten und der öffentlichen bzw. offiziellen Kommemoration. So bekennen sich politische Repräsentanten in Deutschland mehrheitlich zur Verantwortung für die nationalsozialistische Vergangenheit, während Harald Welzer (2001/2002) verdeutlicht hat, dass die Beteiligung von Eltern oder Großeltern an nationalsozialistischen Verbrechen keine Aufnahme in die individuelle Erinnerung der Nachfolgegeneration und damit in das kommunikative Gedächtnis findet. Durch diese „kognitive Dissonanz zwischen Offizialkultur und Privatlegenden" (Leggewie/Meyer 2005: 16) kann es in Deutschland zum Konflikt zwischen Bürger und Staat kommen. Anders verhält es sich in Estland; dort wird der Inhalt des kommunikativen Gedächtnisses der Bevölkerung gerne von der rechtskonservativen Regierung rezipiert, um aus der verbreiteten „Logik des Vergleichs zwischen der Sowjet- und der Naziokkupation" (Kõresaar 2007: 35) innerhalb der ethnisch estnischen Bevölkerung das offizielle prodeutsche und antirussische Geschichtsbild konstruieren zu können.

Aufgrund der dargestellten Relevanz der Erinnerungskultur für die Tagespolitik macht Assmann deutlich, dass somit eine „säkulare, bürokratisch und kommerziell organisierte und politisch instrumentalisierte Erinnerungskultur“ (Assmann 1992: 18) im politischen Alltag existiert. Die Lokalisierung von gemeinsamer Erinnerung und der symbolischen Vergegenwärtigung von Vergangenheit, beispielsweise in Form von Denkmälern, nimmt somit nicht nur in der nationalen, sondern - wie am gegenwärtigen Beispiel deutlich wird - auch in der internationalen Politik eine wichtige Position ein.

5.1.3 Geschichtspolitik

Geschichtspolitik bezeichnet die Instrumentalisierung von Vergangenheit für politische Zwecke, wobei diese Vergangenheit parteiisch interpretiert wird mit dem Ziel, eine möglichst breite Öffentlichkeit zu erreichen und von dem postulierten Geschichtsbild zu vereinnahmen. Von dieser Vermittlung einer bestimmten Vergangenheit versprechen sich Politiker und andere Personen des öffentlichen Lebens, die „Entrepreneurs de mémoire“ (Maurice Halbwachs), die Deutungshoheit und Diskurshegemonie im öffentlichen Diskurs, um die Gesellschaft zu einen und die eigene Stellung zu legitimieren (Leggewie/Meyer 2005: 13, Schaubild 1).

Geschichtspolitik als Diskurs und „Auseinandersetzung um Geschichte als politisches Ereignis“ (Wolfrum 1999: 19) zwischen Akteuren verschiedener politischer Couleur lässt so eine Konkurrenzsituation entstehen, in der mit historischen Argumenten um Legitimation durch die Gesellschaft gekämpft wird. Dabei sind Aspekte wie Inszenierungen, symbolisches Handeln, Rituale und Mythen von essentieller Bedeutung, denn kollektive Identitäten brauchen Wolfrum zufolge symbolische Handlungen und konkrete Zeichen, um sich zu konstituieren und sich ihrer gemeinschaftlichen Deutungsmuster und Ziele zu vergewissern. „Im Ritual [...] werden Symbole mit kultischen Handlungen verknüpft. Das Ritual setzt eine Narration, einen Mythos, in Aktion um. Zugleich erklärt der Mythos das Ritual“ (Wolfrum 1999: 135). Diese Riten fördern einen nationalen Konformismus, da Werte und Leitbilder nicht diskursiv erzeugt werden, sondern demonstrativ dargestellt werden. Eine Orientierung an diesen Werten wird, so Wolfrum, durch die gezielte Reduzierung der komplexen Gegenwart auf leicht verständliche Allgemeinplätze erzeugt (Wolfrum 1999: 138).

Nach der Identifizierung von Entstehungsmerkmalen des kollektiven Gedächtnisses und der Wirkung von Erinnerungskultur und Geschichtspolitik muss anknüpfend daran untersucht werden, wie in diesem Zusammenhang die Unterschiede zwischen Estland und Russland definiert werden kann.

Stefan Troebst hat diese Unterschiede als mehrfache Spaltung Europas durch „erinnerungskulturelle Trennlinien" (Troebst 2005: 381) dargestellt, welche den Kontinent in verschiedene Lager aufteilen, deren unterschiedliche Erinnerungsimperative unvereinbar erscheinen.[85] Als besonders konflikthaft nennt Troebst in seiner Unterscheidung neben der im „Fall Kalniete" (Vgl. Fußnote 21) schon angesprochenen Dichotomie „Holocaust vs. Gulag" besonders die osteuropäischen Interpretationen der Geschichte bezüglich des Endes des Zweiten Weltkriegs. In diesem Konflikt würden sich die Russländische Föderation auf der einen Seite und die postsowjetischen Staaten Ostmitteleuropas auf der anderen Seite gegenüberstehen, allerdings gäbe es innerosteuropäisch noch einmal verschiedene Ausformungen der Erinnerung. Diese verschiedenen Ausformungen teilt Troebst in vier Kategorien ein: Eine „antikommunistische" (Baltikum, Kroatien, Slowakei), eine „unentschiedene" (Ukraine, Polen, Tschechien, Ungarn, Slowenien), eine „simplifizierende" (Serbien, Bulgarien, Rumänien, Albanien, Mazedonien) sowie eine „russische" (Russländische Föderation, Belarus, Moldova, Zentralasien) (Troebst 2005: 385 f.). In diesem Kontext stellt der französische Historiker Pierre Nora fest, dass auch auf so engem geographischen Raum „die Geschichte eint", jedoch durch die unterschiedlichen Erfahrungen der Nationen „[d]as Gedächtnis trennt" (Nora 2001: 686).

In der Russländischen Föderation fungiert, so Troebst, der Sieg im „Großen Vaterländischen Krieg"[86] gegen den Hitlerfaschismus und

85 In seiner Einteilung folgt Troebst dem polnischen Historiker Oskar Halecki, der 1950 bereits von vier deckungsgleichen europäischen Geschichtsregionen sprach. Vgl. Halecki, Oskar (1950): The Limits and Divisions of European History. London: Sheed & Ward, S. 105ff. Die deutsche Erstausgabe erschien 1957; Ders. (1957): Europa: Grenzen und Gliederung seiner Geschichte. Darmstadt: Wissenschaftliche Buchgesellschaft.

86 Die Konflikthaftigkeit wird schon anhand der Terminologie des „Großen Vaterländischen Krieges" und dessen zeitlichen Rahmen (1941-1945) deutlich. So beginnt der Zweite Weltkrieg in der Sowjetunion erst mit der „Operation Barbarossa" und dem deutschen Überfall auf das Land 1941, die ersten beiden Kriegsjahre und deren Leiden für den Rest Europas bleiben außen vor. Damit wird auch die völkerrechtswidrige Annektierung und Besetzung Estlands 1940 und in diesem Kontext das Bündnis mit Hitler-

die Befreiung Osteuropas von der nationalsozialistischen Herrschaft als zentraler Gründungsmythos des Staates, während in den postsowjetischen Staaten wie Estland das Ende des Zweiten Weltkriegs 1945 und die „Befreiung" durch die Rote Armee als Beginn der Besatzungszeit eines totalitären, sowjetischen Regimes angesehen wird. In diesem Kontext sind die unterschiedlichen Bewertungen des „Bronzenen Soldaten" von Estland und der ethnisch estnischen Bevölkerung auf der einen und Russland sowie der ethnisch russischen Bevölkerung in Estland auf der anderen Seite zu sehen. Für die Esten stellt das Denkmal ein Symbol für die Besatzung durch die Sowjetunion und die damit verbundenen Leiden durch Okkupation und Deportation dar, für die Russen ist es Symbol für den Sieg über den deutschen Faschismus und die Befreiung Osteuropas. Diese beiden Sichtweisen kristallisieren sich im estnisch-russischen Konflikt in dem Antagonismus „Besatzung vs. Befreiung".

Das theoretische Konzept von Stefan Troebst in Hinblick auf seine erinnerungspolitische Demarkation Europas wird von dem estnisch-russischen Konflikt bestätigt, während die dargestellten Reaktion aus Europa und Asien die Beweisführung für diese Unterteilung antreten: Während sich die westeuropäischen und skandinavischen Länder solidarisch mit der Position Estlands erklärten, wurde diese insbesondere in den postsowjetischen Staaten Europas unterstützt, wobei Polen und Georgien aufgrund der angesprochenen tagespolitischen Relevanz einen besonderen Fall darstellten. Die einzigen Ausnahmen dabei stellten die Ukraine, Belarus und Serbien dar; im Fall der Ukraine erklärt sich die neutrale Haltung mit der innerstaatlichen Zerrissenheit (Troebst 2005: 390f.), im Fall von Belarus mit der Existenz eines postsowjetischen kommunistischen Regimes (Troebst 2005: 394). Das trifft auch auf die dargestellten prorussischen Reaktionen aus Zentralasien zu. Die Unterstützung von Serbien für die russische Position erklärt sich durch „ein ‚orthodoxes' erinnerungskulturelles Tandem", (Troebst 2005: 386) sowie den historischen Panslawismus, wobei sich auch hier im Kontext der „Kosovo-Frage" eine tagespolitische Relevanz niederschlägt.
Aus den Reaktionen der europäischen Institutionen klingen zweierlei Grundstimmungen heraus: Erstens herrscht eine grundsätzliche Unterstützung für die estnische Position vor, welche jedoch auch nicht frei von Kritik ist, und zweitens ist man auf europäischer Ebene

---

deutschland in Form des Hitler-Stalin Pakts von 1939 aus der Erinnerung ausgeblendet.

weiterhin bemüht, die „westeuropäische" Mehrheitsmeinung der Singularität des Holocaust gegenüber den sowjetischen Verbrechen nicht aufzugeben, was noch einmal die Gespaltenheit Europas in dieser Frage betont. Diese Gespaltenheit manifestierte sich konkret in der Reaktion der Europäischen Union gegenüber der Russländischen Föderation; diese fiel sehr moderat und unkritisch aus, so dass kaum attestiert werden kann, es habe sich bei dem Konflikt um den angesprochenen Testfall für die Solidarität der Europäischen Union gehandelt (Europäisches Parlament 2007b).

5.2 Geschichte als Bruchlinie

Um den russisch-estnischen Streit um die Deutungen der Geschichte des 20. Jahrhunderts verstehen zu können, ist eine kurze Betrachtung der Geschichte Estlands im 20. Jahrhundert unerlässlich. Anschließend soll auf das Aufeinandertreffen dieser unterschiedlichen Ansichten im Rahmen der Feierlichkeiten zum 60. Jahrestag des Endes des Zweiten Weltkrieges im Mai 2005 in Moskau eingegangen werden, welches den Konflikt zwischen den beiden Staaten letztendlich auf ein internationales Level beförderte und zur Eskalation brachte.

Nachdem sich nach dem Ende des Ersten Weltkrieges 1918 zum ersten Mal ein estnischer Staat konstituiert hatte, fiel dieser nach dem Abschluss des deutsch-sowjetischen Nichtangriffspaktes im August 1939, aufgrund des Geheimen Zusatzprotokolls im Vertragswerk über die Aufteilung Mittel- und Osteuropas zwischen Hitler und Stalin, in den sowjetischen Machtbereich. Daraufhin wurde Estland 1940 von der Sowjetunion annektiert und besetzt[87], was die Russländische Föderation bis heute leugnet und offiziell den Standpunkt eines freiwilligen Beitritts Estlands zur Sowjetunion vertritt (Zägel 2007: 205).[88] Dabei erfolgten während dieser ersten Besatzung Est-

---

87 Zur legalistischen Diskussion um die Besetzung Estlands und ob diese völkerrechtswidrig gewesen ist vgl. Zägel 2007: 195f., Thiele 1999: 8ff. sowie Tannberg/Tarvel 2006: 82ff.

88 Lediglich in der Reformzeit unter Michail Gorbatschow wurde das Geheime Zusatzprotokoll in einem Untersuchungsausschuss behandelt und veröffentlicht. Am 24. Dezember 1989 erklärte jedoch der Volksdeputiertenkongress der UdSSR durch ein Mehrheitsvotum den Deutsch-Sowjetischen Nichtangriffspakt und seine Zusatzprotokolle *ex tunc* für nichtig. Andrei Kosyrew, reformorientierter russischer Außenminister unter Boris Jelzin, sprach im Februar 1992 noch einmal von einer historischen Schuld der

lands durch die Sowjetunion auch eine Vielzahl politisch motivierter Verhaftungen sowie die Deportation von circa 10.000 Esten in sowjetische Gefangenenlager nach Kasachstan und Sibirien im Jahr 1941 (Zägel 2007: 186).
Nach dem Vorrücken deutscher Truppen nach Estland im Jahr 1941 und dessen Okkupation wurde das Land 1944 erneut von der Roten Armee besetzt. Dies wurde in der Sowjetunion und wird auch heute noch in der Russländischen Föderation als „Befreiung" Estlands von den Nazis angesehen. Tatsächlich waren jedoch schon am 18. September 1944 die deutschen Truppen aus Tallinn geflohen, woraufhin die Esten eine Regierung unter Premierminister Otto Tief gebildet und die Unabhängigkeit verkündet hatten (Tuchtenhagen 2005: 91). Am 20. September wurde die Hakenkreuzfahne auf dem „Langen Hermann" *(Pikk Hermann)*, dem Wahrzeichen Tallinns, durch die estnische Trikolore ersetzt. Am 22. September erreichten schließlich die Truppen der Roten Armee die Stadt und hissten die rote Flagge der Sowjetunion, womit alle eigenstaatlichen Bestrebungen Estlands bis in die 1980er Jahre zerstört wurden. Diese vier Tage einer faktischen Eigenständigkeit Estlands werden von russländischer Seite nicht anerkannt. Das offizielle russländische Geschichtsbild hält an einer „Befreiung" Tallinns und ganz Estlands fest, welcher mit dem „Denkmal für die Befreier" *(Vabastajate Monument)*, dem „Bronzenen Soldaten", gedacht wurde.
Im Jahr 1949 kam es im Zuge der Sowjetisierung zu einer weiteren Deportationswelle in Estland, bei der über 20.000 Estinnen und Esten nach Sibirien verschleppt wurden (Zägel 2007: 193). Während der zweiten sowjetischen Besatzung Estlands von 1944 bis 1991 veränderte sich die Bevölkerungsstruktur Estlands durch die staatlich

---

Sowjets und dass diese „vermutlich die baltischen Staaten okkupiert" (Meissner 1998: 473) hatten – seitdem jedoch wird die Annexion und Besetzung Estlands sowie deren mögliche Völkerrechtswidrigkeit von Russland als Unterstellung zurückgewiesen. Einen Erfolg bei der Zurückweisung des konfrontativen russischen Geschichtsbildes von einem freiwilligen Beitritt Estlands zur Sowjetunion konnte Estland 2006 verbuchen. Der Europäische Gerichtshof für Menschenrechte (EGMR) in Straßburg hatte drei Klagen von Esten zurückgewiesen, welche von nationalen Gerichten wegen Verbrechen gegen die Menschlichkeit zu Zeiten des Sowjetregimes verurteilt worden waren. Der Einspruch gegen diese Rechtsprechung wurde vom EGMR abgelehnt, welcher in seinen Urteilsbegründungen ausführte, dass Estland 1940 völkerrechtswidrig von Truppen der Roten Armee besetzt und von der UdSSR annektiert wurde. Damit hat zum ersten Mal ein internationales Gericht Estland bestätigt und die russische Version der Geschichte negiert (EGMR 2006).

organisierte Zuwanderung aus anderen Teilen der Sowjetunion erheblich. Der beinahe monoethnische estnische Staat aus dem Jahr 1945 wies einen ethnisch estnischen Bevölkerungsanteil von 97%[89] (Zägel 2007: 191) auf. Bis zum letzten sowjetischen Zensus 1989 war dieser auf 62% abgesunken, was unter anderem die estnische Regierung nach der Wiedererlangung der Souveränität 1991 dazu veranlasste, allen während dieser Zeitspanne zugewanderten Menschen auf estnischem Staatsgebiet - entgegen anders lautender Bekundungen zuvor - den automatischen Erwerb der estnischen Staatsbürgerschaft zu verweigern. Dieser Umstand bildete den Ausgangspunkt für den estnisch-russischen Konflikt, welcher sich im Laufe der Jahre immer mehr um historische Fragen kristallisierte.

Diese unterschiedlichen Auffassungen von Geschichte fanden im Jahr 2005 eine Weltöffentlichkeit, nachdem Russlands Präsident Wladimir Putin die Staatsoberhäupter der drei baltischen Republiken zu den Feierlichkeiten zum 60. Jubiläum des Endes des Zweiten Weltkrieges nach Moskau eingeladen hatte[90] - noch dazu nicht am 8., sondern am 9. Mai. Trotz der Absprache zwischen dem estnischen Präsidenten Arnold Rüütel, seinem litauischen Pendant Valdas Adamkus und der lettischen Staatschefin Vaira Vīķe-Freiberga, wie beim 50-jährigen Jubiläum konzertiert vorzugehen[91], sagte Vīķe-Freiberga schnell ihre Teilnahme zu, während sich ihr estnischer und lettischer Kollege nach langen Überlegungen entschlossen, der Feier in Moskau nicht beizuwohnen.
Die Konzeption des „singulären Stellenwert des Siegestages" (Polianski 2005: 1) in der Sowjetunion und Russland als deren Rechtsnachfolger teilen die baltischen Staaten nicht, müssen diese seit dem

89 Dabei handelt es sich um einen „bereinigten" Wert im Vergleich zu Vorkriegszahlen, da die zuvor dominierenden nationalen Minderheiten (Deutschbalten, Schweden und Juden) während des Zweiten Weltkrieges entweder in ihre Heimatstaaten zurückgekehrt, geflüchtet oder umgebracht worden waren. Speziell zu Migration und Minderheiten in Estland vgl. Demuth (2000) sowie Tammaru/Kulu (2003).

90 Zu dieser und vorangegangenen internationalen Gedenkveranstaltungen, beispielsweise dem 60. Jahrestag der Landung der Alliierten am 6. Juni 2004 in der Normandie, vgl. Langenohl, Andreas (2005): Staatsbesuche. Internationalisierte Erinnerung an den Zweiten Weltkrieg in Rußland und Deutschland, in: Osteuropa 4-6/2005, S. 74-86.

91 1995 entschlossen sich die Staatschefs Lennart Meri, Algirdas Brazauskas und Guntis Ulmanis gemeinsam dazu, nicht an den Feierlichkeiten in Moskau teilzunehmen (Arndt/Gerber 2005: 2, Fußnote 4).

Ende der Sowjetära die offizielle Rhetorik von der Befreiung ganz Europas vom Hitlerfaschismus nicht mehr stillschweigend hinnehmen. Mit der Absage von Rüütel und Adamkus[92] mit der Begründung, dass der 9. Mai 1945 für ihre Völker keine Befreiung, sondern den Beginn einer weiteren, langjährigen Okkupation bedeutet habe, wurde eine internationale Kontroverse entfacht, welche „ausgerechnet das bislang ungebrochene Selbstbewusstsein der Russen, wenigstens einmal in der Geschichte - von 1941 bis 1945 - auf der Seite der ‚absoluten Wahrheit' gestanden zu haben, zur Disposition stellt[e]" (Polianski 2005: 2). Und auch die Zusage der lettischen Präsidentin erzeugte Unmut in Moskau, da diese erklärt hatte, die Veranstaltung zu nutzen, um die sowjetische Besatzung des Baltikums und die stalinistischen Verbrechen vor einer weltweiten Öffentlichkeit anzuprangern.

In seiner Absage erklärte der estnische Präsident Arnold Rüütel, dass die Verdienste der sowjetischen Soldaten im Kampf gegen das Dritte Reich unbestritten seien, das estnische Volk nach dem 9. Mai 1945 jedoch unter dem stalinistischen totalitären Regime leiden musste.

> „Wir können unsere Augen nicht vor der Tatsache verschließen, dass das estnische Volk über seine eigene Zukunft nicht frei entscheiden konnte, unser Schicksal wurde mit dem Hitler-Stalin Pakt, abgeschlossen am 23. August 1939, besiegelt" (Polianski 2005: 3).

Bis zur Absage der beiden baltischen Präsidenten, welche in Russland als großer Affront gewertet wurde, stellten die immer wieder auftretenden geschichtspolitischen Kontroversen zwischen Estland und Russland bilaterale Verspannungen dar, ohne die Gefahr eines tatsächlichen Bruchs der Beziehungen zu bergen. Der damalige russische Präsident Putin schlug auf einer Pressekonferenz in Bratislava am 25. Februar 2005 - freilich bevor die beiden Präsidenten sich zu einer Absage entschieden hatten[93] - noch milde Töne an. Die Bezie-

---

[92] Die anderen über fünfzig geladenen Staats- und Regierungschefs, unter ihnen George W. Bush und Gerhard Schröder, sagten die Einladungen zu. Schon fünf Jahre vor dem Ereignis war der Jahrestag von dem nach einem speziellen Präsidentenerlass eingerichteten Komitee „*Pobeda*" („Sieg") vorbereitet und organisiert worden (Polianski 2005: 2f.), um Propaganda und Zensur in Russland aufeinander abzustimmen. Dies betont die außerordentliche Wichtigkeit der Veranstaltung. Vgl. speziell dazu Poljan, Pavel (2005): Sieg nach Plan. Das Organisationskomitee *Pobeda* und die Folgen, in: Osteuropa 4-6/2005, S. 394-406.

[93] Offiziell sagten die beiden Staatsoberhäupter die Veranstaltung in Moskau am 7. März 2005 ab (Polianski 2005: 3). Vaira Vīķe-Freiberga hatte bereits im Januar 2005 ihre Teilnahme zugesagt (Onken 2007a: 24).

hungen zum Baltikum, so Putin, würden auch ohne die Teilnahme von Rüütel und Adamkus intensiviert und ausgebaut werden, jedoch hoffe er auf deren gesunden Menschenverstand und damit auf eine Teilnahme. „Die Ergebnisse des Zweiten Weltkrieges können verschieden bewertet werden", so Putin, und Russland respektiere „die Meinung derjenigen Menschen im Baltikum, die mit dem Ende des Zweiten Weltkrieges den tragischen Verlust der Souveränität ihrer Länder verbinden" (Polianski 2005: 16).
Mit dem „Tag des Sieges" im Jahr 2005 und dem globalen Rahmen der Veranstaltung schlugen die gemäßigten Töne nach der Absage der beiden Präsidenten jedoch in harsche, kontinuierliche Kritik von russischer Seite um, vor allem da das Thema plötzlich eine internationale Bühne[94] bekommen hatte. So wurde „die Geschichte des 20. Jahrhunderts plötzlich zu einem sehr realen außenpolitischen Streitpunkt des 21. Jahrhunderts, und die baltischen Staaten fanden sich im Zentrum dieser Kontroverse wieder" (Kalniņš zitiert nach Onken 2007a: 24). Nach dem Beginn des bilateralen Konflikts zwischen Estland und der Russländischen Föderation im „Krieg der Denkmäler" erreichte die Auseinandersetzung um die Geschichte im Kontext des „Tag des Sieges" nicht nur eine neue Eskalationsstufe, sondern eben auch jene internationale Dimension, welche seitdem bei jeder sich bietenden Gelegenheit zur Darstellung der eigenen Geschichtsinterpretation genutzt wird.
Nach der provozierenden Äußerung des ehemaligen russischen Präsidenten Putin im April 2005 kurz vor Beginn der Siegesfeiern in Moskau, bei dem Zerfall der Sowjetunion hätte es sich „um die größte geopolitische Katastrophe des 20. Jahrhunderts" (Die Welt: 21.02.2008) gehandelt, konterte der estnische Präsident Ilves beim Besuch des Begräbnisses von Boris Jelzin am 25. April 2007 mit einer Replik auf die Aussage Putins. Im Rahmen der Veranstaltung würdigte der estnische Präsident das Wirken Jelzins und sagte:

> „Wir verdanken Präsident Jelzin einen der größten Gefallen des 20. Jahrhunderts, denn sein Mut und seine Entschlusskraft im August 1991 - während des Putschversuchs durch die Konservativen - läuteten den Untergang der totalitären Herrschaft der Sowjetunion ein und brachte Freiheit für Millionen von Menschen" (Außenministerium der Republik Estland 2007).

---

94 Auf dieser Bühne wurde eine große Siegesfeier mit einer Militärparade in sowjetischer Manier inszeniert, um die Wichtigkeit und Stärke Russlands in der Weltpolitik zu demonstrieren, was zu schweren Irritationen bei westlichen Beobachtern ob der fortschreitenden Sowjet Nostalgie und dem Stellenwert der Anknüpfung an unreflektierte geschichtliche Mythen in Russland führte (Onken 2007a: 32).

5.3 Herrschaftswechsel und Denkmalsturz

Kalevipoeg, der Sohn des Kalev[95], welcher den Gründungsmythos des unabhängigen Estlands verkörpert, stand als Statue in der estnischen Stadt Torma und schaute seit seiner Errichtung grimmig nach Osten, um die Russen zu beobachten und in Schach zu halten. Nach der Besetzung Estlands durch die Sowjetarmee im Jahr 1940 wurde er nach Westen gedreht, nach dem Einmarsch der Deutschen 1941 wieder östlich ausgerichtet, um schließlich nach dem erneuten Einmarsch der Roten Armee 1944 wieder nach Westen zu blicken. 1948 wurde das Denkmal auf Befehl der sowjetischen Administration in Estland zerstört (Kaasik 2006a: 20).
Diese Anekdote macht deutlich, wie sehr die Auseinandersetzung zwischen Estland und Russland von Symbolen beherrscht wird. Der Versuch, die Bedeutung der Statue bei einem Herrschaftswechsel ins Gegenteil zu verkehren, kann als Sinnbild für die gesamte Auseinandersetzung angesehen werden. Im folgenden Abschnitt soll die Theorie um die Existenz von Denkmälern und deren Neuausrichtung, Verlegung oder Schleifung auf den Fall des „Bronzenen Soldaten" im speziellen und auf die Situation in Estland im allgemeinen angewendet werden.

Zu sowjetischen Monumenten und Gedenkstätten in Erinnerung an den „Großen Vaterländischen Krieg"[96] ist eine ganze Reihe an Publikationen (Vgl. stellvertretend Kämpfer 1994, Arnold 1998, Dubin 2005) vorhanden, welche sich leider im Kontext dieser Fragestellung, wie Jörg Zägel bemerkt, größtenteils erst den monumentalen „Neu-

---

95 Das estnische Heldenepos *Kalevipoeg*, erstmals gedruckt im Jahr 1861, wurde von Friedrich Reinhold Kreutzwald (1803-1882) verfasst. Es wurde zum Symbol des estnischen Nationalbewusstseins und Freiheitskampfes und ist eine Sammlung und Verdichtung estnischer Sagen und Lieder, in deren Mittelpunkt der Sohn des legendären Estenkönigs Kalev steht (*„poeg"* ist das estnische Wort für Sohn). In diese Zeit fällt auch das erste gesamtestnische Sängerfest, das im Juni 1869 stattfand und die nationale Bewegung im „Land der tausend Stimmen" mitbegründete (Nielsen-Stokkeby 1990: 62).

96 Womit man in Russland neben dem Zweiten Weltkrieg auch den „Vaterländischen Krieg" gegen Napoleon 1812-1813 kommemoriert, während dem, nach russischer Lesart, ebenfalls die feindliche Armee tief auf eigenes Territorium vorgedrungen ist, diese in einem kolossalen Kraftakt von Armee und Zivilbevölkerung zurückgeschlagen werden konnte, und schließlich bis in die Hauptstadt des Feindes verfolgt wurde, um sie dort vernichtend zu schlagen.

bauten“ auf diesem Gebiet seit den 1960er widmen (Zägel 2007: 31). Denn erst in der Sowjetunion unter der Führung von Breschnew als Parteichef der KPdSU (1964-1982) wurde der Denkmalkult zum offiziellen „politischen Totenkult“[97] erhoben und damit „zu einem wichtigen Bestandteil der politischen Didaktik“ (Kämpfer 1994: 337) aufgewertet. So war die kultische Verehrung der Gefallenen auch außerhalb der eigentlichen Kampfzone möglich, um nachfolgenden Generationen das Wertsystem der Kriegsüberlebenden näher zu bringen und diese damit zu akkulturisieren (Kämpfer 1994: 337), also den Prozess der Einbindung in das kollektive Gedächtnis der Nation voranzutreiben.

Dieser „politische Totenkult“ war Teil der Strategie der sowjetischen Führung von Breschnew bis zu Perestroijka und Glasnost, um aus einer Mischung von Triumph und Klage eine gemeinsame, integrationsstiftende Memoria für das heterogene Reich zu schaffen. Diese Memoria sollte die Bindung des Einzelnen an die Gesellschaft stärken sowie eine gemeinsame Basis für das Zusammengehörigkeitsgefühl der verschiedenen Nationalitäten und Ethnien der Sowjetunion bilden.

> „Dem Sowjetpatriotismus der Kriegstoten, ihrem Kampf für die Integrität des Vielvölkerimperiums, könnte man vielleicht die einzelnen Nationalismen und die latente Russophobie der kleineren Sowjetvölker [wie der Esten, F.M.] zur Seite stellen. Selbstlosigkeit und Hingabe an den Staat der UdSSR und den Leninismus sind Verhaltensnormen, die dem Egoismus und dem passiven Widerstand gegen eben jene Autoritäten diametral entgegenstehen. Durch eine solche Neuinterpretation der Kriegsopfer werden sie alle zu Hütern der von der Kriegsgeneration nachträglich formulierten Normen“ (Kämpfer 1994: 335).

Diese von Moskau in den 1960er Jahren formulierten und oktroyierten Normen haben auch heute noch in Estland in konfligierender Weise Gültigkeit: Sie manifestieren sich in einer nicht mehr latenten, sondern immanenten Russophobie in Teilen der ethnisch estnischen Bevölkerung und einer weiterhin anhaltenden, ja sogar noch verstärkten Hüterrolle jener Normen der Sowjetzeit innerhalb der ethnisch russischen Gemeinschaft. Diese Verstärkung der Hüterrolle wird durch die Überbetonung der russischen Geschichte und der damit verbundenen Geschichtsnarrative in der Russländischen Föderation ausgelöst.

---

97 Der Terminus wurde in Bezug auf Denkmäler von Reinhart Koselleck geprägt. Vgl. Ders.; Jeismann, Michael (1994): Der politische Totenkult. Kriegerdenkmäler in der Moderne. München: Fink.

Nach dem Niedergang der Sowjetunion kam es im gesamten postsowjetischen Raum - auch in Russland - zur Verlegung oder zum Sturz von Denkmälern als emanzipatorischer Akt der neuen Machthaber. Beinahe überall trat nach der Zeitenwende der „Widerspruch zwischen den absolut gesetzten Denkmalbotschaften und einer nicht gleich bleibenden Rezeption" (Jaworski 2007: 176) offen zutage. Nirgendwo waren die Vorzeichen so konflikthaft wie in Estland kurz vor der Verlegung des „Bronzenen Soldaten" im April 2007 - und trotz des schon seit Jahren anhaltenden „Krieges der Denkmäler" entschloss sich die Regierung in Tallinn zu diesem Schritt.
Dem Historiker Winfried Speitkamp zufolge ist die potenzielle Konfliktträchtigkeit eines Ikonoklasmus allgemein bekannt, da die Denkmäler direkter Ausdruck einer bestimmten Vergangenheit in der Gegenwart darstellen:

> „Die Konflikte um Denkmäler und Symbole der sozialistischen Staaten offenbaren sich keineswegs als grundlegend neue Herausforderung, sondern weisen zurück auf die in Symbolen gebündelte Vergangenheit. In der Ambivalenz und Konfliktträchtigkeit der Denkmalbeseitigung spiegelt sich die Problematik des Umgangs mit der Geschichte und ihren Zeichen, geht es doch letztlich um die Verfügbarkeit der Geschichte, um die Art und Weise, wie sich die Gegenwart die Vergangenheit untertan macht und deren Zeichen besetzt, um die Zukunft zu bestimmen" (Speitkamp 1997: 11).

Die Verlegung des „Bronzenen Soldaten" in Tallinn und deren Folgen brachten die verschiedenen Interpretationen der Geschichte innerhalb der beiden Gedächtnisgemeinschaften zum Ausdruck. Die Intention der estnischen Regierung bei diesem Unterfangen, das in offiziellen Stellungnahmen immer mit der Inkompatibilität des Denkmals mit den Ansichten der Majorität der estnischen Bevölkerung erklärt wurde, beinhaltet Speitkamp zufolge jedoch auch unverkennbar eine Abstrafung der ethnisch russischen Bevölkerung Estlands. Diese Abstrafung könne, so Speitkamp, mit einer Teufelsaustreibung verglichen werden:

> Bei der „Frage nach den Zielen von Denkmalstürzen [...] kann es zunächst um die bloße Vernichtung einer unliebsamen Tradition gehen. Der Denkmalsturz kann sodann geradezu exorzistische Züge annehmen, im Sinn einer Selbstreinigung die innere Befreiung von Vergangenheit oder Herrschaft bezwecken. Die Absicht kann aber ferner auch eine symbolische Bestrafung beinhalten. Und schließlich kann ein Symbolsturz als Beschwörung der Gemeinsamkeit und als Verpflichtung für die Zukunft gedacht sein" (Speitkamp 1997: 13).

Auch Jürgen Trimborn sieht in jeder Aktion gegen die Existenz von Denkmälern auch grundsätzlich eine geschichtspolitische Intention zur Beeinflussung der nationalen Erinnerungskultur:

> „Die zugrunde liegende Frage bezüglich jeder Form von Denkmalschleifung ist, inwieweit mit der Demontage von Denkmalen auch eine Demontage von Vergangenheit angestrebt und erreicht werden kann (und soll), denn zumindest potenziell manifestiert sich im Schleifen eines existierenden Denkmals mit einem spezifischen politischen und historischen Symbolgehalt - egal ob es sich um einen revolutionären Denkmalsturm oder um das sich in Form eines bürokratischen Akts ereignende Abräumen eines Denkmals handelt - in jedem Fall der Versuch, Geschichte (für die das gestürzte Denkmal stand) auszublenden und damit nachträglich zu korrigieren und umzuschreiben" (Trimborn 1997: 296).

In diesem Kontext ist zweifelsohne auch der Fall des „Bronzenen Soldaten" in Tallinn zu sehen. Als öffentliches Zeichen der überwundenen Machtverhältnisse wurde das Denkmal von den Esten als für die Zukunft unerträglich empfunden, erinnerte es doch in den Jahren vor seiner Verlegung immer mehr an die kollektiv erfahrenen Demütigungen während der sowjetischen Besatzung. Mit der Verlegung des „Bronzenen Soldaten" sollte die Besatzung nachträglich gesühnt werden, indem man - nach der gescheiterten Umdeutung des Denkmals - es seiner ursprünglichen Bedeutung entreißen wollte, da es in den Jahren zuvor eine steigende Popularität innerhalb der ethnisch russischen Bevölkerung erfahren hatte. Für diese Form der schmerzhaften Erinnerung an die Besatzungszeit sollte im neu besetzten öffentlichen Raum kein Platz mehr sein (Jaworski 2007: 179). Die Intentionen der Verlegung des Tallinner Soldatendenkmals beschreibt Rudolf Jaworski in seiner Theorie wohl am treffendsten:

> „Das Verschwinden solcher Denkmäler aus dem Stadtbild sollte die Gesellschaft von der bedrückenden Erinnerung an die eben überwundene Vergangenheit befreien helfen, eventuell vorhandene Gewissensbisse wegen möglicher Komplizenschaft mit dem Ancien Régime gar nicht erst aufkommen und den Neuanfang als kompromisslos und radikal erscheinen lassen" (Jaworski 2007: 179).

Wichtig ist ebenfalls die Tatsache, dass der Denkmalsturz von Tallinn in seiner Wirkung nicht mit den intendierten Zielen übereinstimmt. Wie schon die Denkmalstürze in der ehemaligen DDR, bei denen eine im Zerfall begriffene DDR-Identität im Zuge der versuchten „Bereinigung" der Vergangenheit durch den Ikonoklasmus der Gegenwart durch eine ausgeprägte „Ostalgie" reanimiert wurde, hat sich auch in Estland das Ziel einer Abrechnung mit der Vergangen-

heit ins Gegenteil verkehrt - man hat die Geister wieder gerufen, die man schon weit weg wähnte, da die estnische Regierung die Bedeutung des Denkmals fatal unterschätzt hatte.
Am Beispiel des „Bronzenen Soldaten“ in Tallinn wird ebenfalls deutlich, dass das Denkmal nicht allein durch seine Form und Beschaffenheit die politische und historische Aussage vermittelt, die von der Sowjetadministration mit seiner Aufstellung intendiert war - vielmehr lag die Bedeutung des Denkmals für die russische Minderheit im Kontext von Denkmal und Standort. Durch die Verlegung des Denkmals und der damit erfolgten Dekontextualisierung ist es trotz der Vermeidung der materiellen Zerstörung von seiner Aussagekraft befreit worden und kommt damit einem vollständigen Ikonoklasmus gleich. Es hat nicht mehr den gleichen symbolischen Wert wie zuvor, und genau das hat die Reaktion der russischen Krawallmacher ausgelöst. Ohne seinen ursprünglichen Kontext ist das Denkmal ein Denkmal wie viele andere, seine Präsenz im Zentrum der Stadt und damit im Zentrum der Erinnerung hingegen erhob es zu seiner tatsächlichen symbolischen Bedeutung.

Wenn, wie in Estland nach der erneuten staatlichen Souveränität, der Einbindung in die westlichen Bündnissysteme von EU und NATO sowie der damit etablierten relativen Sicherheit im eigenen Selbstverständnis vor dem großen, slawischen Nachbarn, eine neue Zeit anbricht,

> „rechnet man im Zuge einer ‚damnatio memoriae‘ mit der politischen Symbolkraft der überkommenen Denkmale ab. Die bloße Existenz politischer Denkmale der vorangegangenen Gesellschaftsordnung wird in dieser Zeit als direkte politische und ideologische Herausforderung verstanden, auf die man mit der Eliminierung der Denkmale aus dem Bild der Städte antwortet“ (Trimborn 1997: 297).

So wird die sehr konkrete Machtdemonstration eines Denkmalsturzes dem neuen politischen System „zum Privileg, den Unterlegenen zum Sakrileg“ (Warnke 1973: 11), und mit der Demonstration der Macht wird das ursprünglich mit einem Ewigkeitsanspruch errichtete Denkmal zum symbolischen Sturz der Norm- und Wertvorstellungen des abgelösten Regimes und der Gesellschaftsordnung, die das Denkmal verkörperte. Somit ist die Setzung wie auch die Zerstörung eines Denkmals immer eine intendierte visuelle Selbstvergewisserung und Ausdruck einer politischen und historischen Interpretation des neuen Regimes, welche die alte Herrschaftsform und deren Ideologie als überholt und unbrauchbar darstellen will.

„Sofern Denkmale ideelle Werte und gesellschaftliche und politische Normen repräsentieren, bedeutet der bewußte Angriff auf sie eine ganz konkrete und absichtlich herbeigeführte Zuspitzung und Kulmination der jeweils - politisch motivierten - Konfliktsituation auf weltanschauliche Ebene, eine Übertragung der Konfliktsituation auf die Ebene der Symbole und Sinnzeichen" (Trimborn 1997: 300).

Hanno-Walter Kruft misst solchen symbolischen Maßnahmen nach einem Regimewechsel die „Bedeutung eines historischen Strafvollzugs" (Kruft 1993: 583) bei, Udo Mainzer spricht in diesem Kontext von der „Rache an einer als unerträglich denunzierten Geschichte" des alten Herrschaftssystems (Mainzer 1991: 43) und sogar von „der brutalste[n] Wirklichkeitsvernichtung zur Vervollkommnung doktrinärer Träume" (Mainzer 1996: 216) des neuen Systems, welches die Reminiszenzen der Vergangenheit auslöschen wolle.

Für Jürgen Trimborn stellt sich - wie oben beschrieben - das Vorgehen gegen ein Denkmal entweder als revolutionärer Sturz oder als bürokratischer Akt dar. Winfried Speitkamp beschreibt den revolutionären Sturz von Denkmälern, welcher in Estland nach der Unabhängigkeit 1991 wohl auch wegen des Respekts vor der noch gegenwärtigen sowjetischen bzw. dann russischen Präsenz ausgeblieben war, folgendermaßen:

„Denkmale werden in den Augenblicken der Gefühlsaufwallung gestürzt, wenn empörte Menschenmengen sich die Freiheit nehmen, die geltenden Bestimmungen zu mißachten, die Bannmeile zu verletzen, den verbotenen Rasen zu betreten, der Staatsmacht ihre Insignien zu entreißen. Der Sturz der Denkmale ist in dieser Stimmung ein kulminierender Akt von unmißverständlicher Bedeutung: eine Art symbolischer Voodoo-Mord an den Machthabern, die sich diese überlebensgroßen Bilder selbst gesetzt hatten" (Die Zeit vom 18. Oktober 1991, zitiert nach Speitkamp 1997: 5).

Im Fall des „Bronzenen Soldaten" in Tallinn verliefen die Ereignisse exakt diametral: Die estnische Staatsmacht hat den russischen Teil der Bevölkerung ihrer Insignie beraubt und damit einen symbolischen Mord begangen, auf den die Minderheit mit Empörung, Gefühlsaufwallung und Missachtung der geltenden Bestimmungen reagiert hat. Dieser symbolische Mord an der russischen Minderheit durch die Verlegung des Denkmals könnte in seinem Kontext als Memorizid[98] bezeichnet werden, als der Versuch einer „Verhinde-

98 Memorizid ist, entgegen der jüngsten Darstellung in der Tageszeitung *Die Welt* (Die Welt: 02.07.2008), kein Phantasiewort, sondern kursierte bereits in deutschen Historikerdebatten der 1990er Jahre. Vgl. Schümer, Dirk: Memo-

rung von Geschichte" (Frankfurter Allgemeine Zeitung: 13.11.1996) und einer „Auslöschung von Erinnerung" (Die Welt: 02.07.2008), welche nicht in den Kontext der neuen estnischen Ethnostaatlichkeit mit ihrem eigenen Geschichtsbild passt.

So ist die Intention der estnischen Regierung im Kontext der Schaffung des Denkmals für den estnischen Freiheitskrieg im Jahr 2008 deutlich, denn in den Jahren zuvor war klar geworden, dass die russische Minderheit den ethnischen Esten mit dem „Bronzenen Soldaten" etwas voraus hatte: Einen gemeinsamen, zentralen Erinnerungsort, an dem ein politisches „Wir-Gefühl" demonstriert und eine gemeinsame Erinnerung wiederbelebt werden konnte (Brüggemann 2008: 140). Ob es im Zuge der Errichtung dieses Denkmals wieder zu einer offenen Konfrontation in Estland kommen wird, bleibt abzuwarten.

5.4 Vergangenheitspolitik in Estland

Vergangenheitspolitik[99] befasst sich mit der Aufarbeitung diktatorischer Vergangenheit und beinhaltet drei wesentliche Elemente: Die strafrechtliche Verfolgung von Tätern und alten Eliten, die Beschränkung des zivilbürgerlichen Status von Tätern[100] sowie die Restitution in Form von Wiedergutmachung und Entschädigung von Opfern (Bock 2000: 37).
Im folgenden Kapitel sollen die Merkmale estnischer Vergangenheitspolitik sowie die Versuche der Aufarbeitung der Geschichte[101] dargestellt werden.

---

rizid. Geschichte des Vergessens. Frankfurter Allgemeine Zeitung vom 13. November 1996, S. N5.

99 In Abgrenzung zur Definition von Norbert Frei (1999), nach der Vergangenheitspolitik immer die Aufarbeitung der NS-Herrschaft zum Thema hat, wurde hier die erweiterte Definition von Hans Manfred Bock (2000) und Edgar Wolfrum (1999) angelegt.

100 Aufgrund des beschränkten Fokus dieser Arbeit sei an dieser Stelle lediglich darauf verwiesen, dass mit dem estnischen Fremdengesetz von 1999 ehemaligen Angehörigen der sowjetischen und russischen Streitkräfte, Sicherheits- und Geheimdienste sowie deren Familienmitgliedern keine Aufenthaltsgenehmigung erteilt bzw. diese entzogen wurde (Zägel 2007: 200).

101 „Aufarbeitung von Vergangenheit" sowie „Vergangenheitsbewältigung" sind für die Beschreibung der Vorgänge wenig angemessene Termini, da sie jeweils eine semantische Implikation eines in der Zukunft abzuschlie-

Die Aufarbeitung von Vergangenheit beinhaltet zumeist negative Elemente, und die Glaubwürdigkeit von Forschungsergebnissen wächst mit dem Grad der Unabhängigkeit der Forscher - doch damit jedoch auch das Risiko, unangenehme Ergebnisse zu erhalten.
Dieses Risiko ging der damalige estnische Präsident Lennart Meri ein, als er im Jahr 1998 zusammen mit seinen Amtskollegen aus Lettland und Litauen, Guntis Ulmanis und Valdas Adamkus, die Gründung von international besetzten Historikerkommissionen[102] in den drei Staaten beschloss, um die Geschichte unter der ersten und zweiten Besetzung durch die UdSSR (1940 - 1941 sowie 1944 - 1991) und die zwischenzeitliche Periode der Nazi-Besetzung (1941 - 1944) aufarbeiten zu lassen.
Die Gründung der Kommissionen erfolgte nicht aus eigenem Antrieb, sondern vor allem durch den wachsenden internationalen Druck auf die baltischen Staaten, sich mit der eigenen Geschichte auseinanderzusetzen, welcher vor allem durch die europäischen Staaten im Zuge des Beitrittsprozesses der baltischen Staaten zur Europäischen Union erzeugt wurde (Onken 2007b: 110). Dabei sollte besonders das Verhältnis der beiden totalitären Regime analysiert und evaluiert werden. Durch eine vergleichende Darstellung von Strukturen und Einfluss der beiden Besatzungssysteme sollten diese

---

ßenden Vorgangs beinhalten, was deren Missbrauch begünstigen kann. Aufgrund des Mangels an adäquatem Ersatz kann an dieser Stelle diese Begebenheit lediglich problematisiert werden.

102 Die Idee zur Bildung einer Historikerkommission in Estland war 1998 nicht neu. Schon 1992 wurde vom *Riigikogu* eine Historikerkommission, die „Estonian State Commission on Examination of the Policies of Repression" (ESCEPR) eingesetzt - allerdings war es deren Ziel, „eine wissenschaftliche Expertise zu publizieren, die alle Verluste und Zerstörungen beinhaltet, welche die estnische Nation während der Okkupationsregime erleiden musste" (Salo 2005: 7), wohl mit dem ursprünglichen Ziel, Schadensersatzansprüche gegenüber der Russländischen Föderation geltend machen zu können (Arndt/Gerber 2005: 3), was allerdings nicht geschah. Die Arbeit der Kommission fand schon bald eher im Hintergrund statt, ebenso wie die Publikation ihrer Ergebnisse im Tallinner Okkupationsmuseum im Mai 2005 in einem Weißbuch. Dort heißt es im Vorwort (Salo 2005: 7), dass nur Dokumente aus Estland und nicht aus den Archiven der Besatzungsregimes in die Forschungen mit eingeflossen wären, da dies bis zum Veröffentlichungstag nicht möglich gewesen sei - dies kann im russischen Fall auf eine Verwehrung des Zugangs zu Archiven hinweisen, im deutschen Fall lässt es jedoch eher auf eine Unterfinanzierung der Kommission schließen, was ein Indiz für die Geringschätzung der Arbeit der Kommission von Seiten der Regierung ist.

in Zukunft nicht mehr gegeneinander aufgewogen werden. Dieser Vergleich hatte bis dato zu einer Relativierung der Besatzung durch Nazi-Deutschland geführt. Insgesamt beschäftigten sich die Esten bis mindestens zur Jahrhundertwende „mit der eigenen Nationalgeschichte deutlich intensiver affirmativ als mit der Rekonstruktion ihrer Schattenseiten" (Zägel 2007: 195).
Insbesondere die Verstrickung von Balten in Kriegsverbrechen (Kollaboration) sollte untersucht werden. In Hinblick auf Verbrechen während der deutschen Besatzung ist dies in Estland jedoch nicht mit gleicher Intensität untersucht worden wie in den beiden anderen baltischen Staaten.

> „The newly founded commissions were certainly a reaction to this [international, F.M.] pressure, and the Lithuanian and Latvian commissions in particular placed a strong initial emphasis on investigating the Holocaust and the question of local involvement in Nazi crimes against humanity" (Onken 2007b: 110).

Im Jahr 2006 veröffentlichte die estnische Kommission mit dem offiziellen Namen „Estonian International Commission for the Investigation of Crimes against Humanity"[103], bestehend aus Politikern, Diplomaten und Repräsentanten von NGOs aus den USA, Schweden, Finnland, Dänemark, Russland und Deutschland[104], eine erste Kompilation mit Forschungsergebnissen.[105] Dieser erste Band behandelt

---

103 Eine estnische Version des Namens existiert offensichtlich nicht.

104 Dabei ist signifikant, dass sich in der internationalen estnischen Historikerkommission keine Historiker befinden. Das deutsche Mitglied der Kommission ist Wolfgang Freiherr von Stetten (CDU), ehemaliges MdB, Träger des Bundesverdienstkreuzes am Bande. 1997 löste von Stetten den ehemaligen Ministerpräsidenten von Baden-Württemberg, Hans Filbinger, als Präsident des Studienzentrums Weikersheim ab, und bekleidete dieses Amt bis 2003. Das Studienzentrum Weikersheim gilt als „rechtskonservative Denkfabrik", welche „bekennenden Antisemiten" ein Forum bietet (Der Spiegel: 19.04.2007) und als Netzwerk der „Neuen Rechten" (Die Zeit: 01.12.1995) gilt.

105 Vgl. Hiio, Toomas; Maripuu, Meelis; Paavle, Indrek (Hrsg.) (2006): Estonia 1940 - 1945: Reports of the Estonian International Commission for the Investigation of Crimes against Humanity. Tallinn: Estonian Commission for the Investigation of Crimes against Humanity. Auffällig ist, dass keiner der Autoren oder Herausgeber Mitglied der Kommission ist, sondern diese die historischen Nachforschungen an eine rein estnische Forschergruppe um den Historiker Toomas Hiio, einen ehemaligen Berater Präsident Meris, abgegeben hat, was weder in der Publikation, noch an anderer Stelle Erwähnung findet (Onken 2007b: 111, Iber/Ruggenthaler 2007: 281f.). Bei einem Vergleich der Arbeiten beider estnischer Kommissionen von 1992 und 1998

die Zeit von 1940 - 1945 und macht die Erkenntnisse der Kommission in englischer Sprache publik. Dies wirkte sich negativ auf die Verwendung der Ergebnisse in Estland selbst aus, beispielsweise in Schulen oder an Universitäten[106], an deren Curricula die Historikerkommission ausdrücklich mitarbeiten und diese ergänzen sollte (Arndt/Gerber 2005: 6). Teile der Publikation sind allerdings schon seit einigen Jahren auf der ansonsten rein englischsprachigen Website der Historikerkommission im Internet in estnischer Sprache abrufbar.[107]

Der Band erhält eine detaillierte Aufstellung von estnischen Institutionen, Gruppen und Individuen, welche inner- und außerhalb Estlands - so beispielsweise in Polen und Belarus - direkt und indirekt an Kriegsverbrechen während der Nazi-Besatzung beteiligt waren. Dabei wird jedoch schon in der Einleitung zur Dokumentation der Nazi-Besetzung betont, dass das deutsche Militär für die meisten, wenn nicht sogar für alle Straftaten verantwortlich zu machen sei - eine Einschätzung, welche die gesamte Publikation dominiert:

> „The Commission wishes it to be understood at the outset that overall responsibility for most, if not all of the episodes of criminality reported upon here lies with the German military and civil occupying forces" (Hiio/Maripuu/Paavle 2006: XVII).

So ist eine Ablehnung der eigenen aktiven Beteiligung am Holocaust in Estland auch notwendige Folge der Konstruktion der eigenen Geschichte in Abgrenzung zur Sowjetunion und Russland und der damit einhergehenden Dekonstruktion von Geschichte im allgemei-

---

liegt die höchste Signifikanz in der Unterschiedlichkeit beider Ergebnisse (Iber/Ruggenthaler 2007: 292ff.) sowie deren allgemeiner Unvollständigkeit (Ebd.: 295f.).

106 Während diese Verbrechen nicht zum Lehrplan in Estland gehören, lässt sich (als Spiegel der gesamten historiographischen Ausrichtung im Land) in estnischen Schulbüchern eine positiv konnotierte Interpretation der Geschichte des Lands unter deutschem Einfluss feststellen. So prangerte der Historiker Jüri Kivimäe an, dass nationale Geschichtsschreibung in neuen Schulbüchern als politische Waffe gegen die russische Minderheit verwendet würde, forderte selbst jedoch die Einbeziehung von Carl Schirren als einen der slawophoben deutschen Vordenker im Estland des 19. Jahrhunderts, was Brüggemann als unterschwellige „antirussische Note" bezeichnet (Brüggemann 2001: 817). Schirren hatte 1869 auf eine panslawistische Streitschrift mit einer teilweise sozialdarwinistischen Antwort reagiert. Vgl. Schirren, Carl (1869): Livländische Antwort an Herrn Juri Samarin. Leipzig: Duncker und Humblot.

107 http://www.historycommission.ee.

nen. Dieser Aspekt der Dekonstruktion ist gekennzeichnet durch eine Verkehrung der vorher negativ konnotierten Geschichte unter deutscher Herrschaft unter dem Stichwort „700 Jahre Sklaverei“ (Zägel 2007: 169ff., Brüggemann 2006: 35ff.) zu einer positiven Einflussnahme der Deutschbalten auf die Geschichte Estlands. Einerseits soll dadurch die Zugehörigkeit zu Westeuropa seit der Christianisierung im ausgehenden 12. Jahrhundert betont, andererseits der aktuelle Antagonismus zu Russland auch historisch begründet werden. Darüber hinaus erlaubt diese Dekonstruktion auch einen Bruch mit der sowjetischen Historiographie, welche ebenfalls strikt antideutsch gewesen ist. Diese Germanophilie und die teilweise zu beobachtende bewusste Konstruktion von Mythen der „guten deutschen Zeit“ (Brüggemann 2006: 36, Fußnote 39) in der estnischen Geschichtsschreibung unterdrückt noch einmal die ohnehin schon gedämpfte Bereitschaft zur Untersuchung und Aufarbeitung einer negativen und verbrecherischen estnischen Geschichte in direktem Zusammenhang mit Deutschland. Schon durch die europäische Integrationsphilie in Estland ist eine negative Konnotation des deutschen Einflusses im Land seit den Kreuzzügen bis zum Ende der Naziherrschaft nicht mit der Politik der estnischen Regierung - ob nach Innen oder Außen - zu vereinen (Brüggemann 2006: 36).

Die Antwort auf die Frage, warum die estnische Vergangenheit unter deutscher und sowjetischer Besatzung nur unzureichend erforscht und aufgearbeitet wurde, liegt unter anderem in der Kontinuität der Eliten in Estland. Solange noch viele Esten, welche während der sowjetischen Okkupation hohe Posten in Estland bekleideten und Mitglieder der kommunistischen Partei (oder sogar an Verbrechen und Repressionen gegen das eigene Volk beteiligt) waren, in den 1990er Jahren Macht ausübten und unter dem Druck Moskaus standen, war weder eine Aufarbeitung der sowjetischen, noch der Nazi-Okkupation möglich. Hanna Jära beschreibt in ihrer Arbeit (Jära 1999) die signifikante Zunahme von estnischen Altkommunisten im zweiten *Riigikogu* von 1995 sowie in der estnischen Wirtschaft, nachdem das erste Parlament nach dem gerade erfolgten Umsturz zu großen Teilen aus liberalen, nationalistischen Esten der Unabhängigkeitsbewegung ohne kommunistische Vergangenheit bestand. Da 1989 die meisten Akten, welche ehemalige hochrangige Esten zu Zeiten der Sowjetrepublik der Kollaboration überführen konnten, nach Moskau verbracht, vernichtet wurden oder einfach verschwanden (Jära 1999: 10), konnte Russland während der enormen Elitenkontinuität während der zweiten Hälfte der 1990er Jahre enormen

Druck auf diese Eliten ausüben, eine Untersuchung der kommunistischen Vergangenheit nur halbherzig zu betreiben. Andererseits waren diese Eliten ebenfalls nicht an einer Aufarbeitung interessiert, deren Ergebnisse diese persönlich belastet hätten - dies war der Fall in der estnischen Legislative sowie noch weit mehr in der Judikative. Auch die von Jära beschriebene hohe Kontinuität innerhalb der Richterschaft machte es möglich, dass seit der estnischen Unabhängigkeit bis heute nur wenige Urteile aufgrund von Kollaboration mit den Sowjets gegen Esten ausgesprochen wurden, wobei es laut dem estnischen Experten für Außen- und Sicherheitspolitik Erik-Niiles Kross „lediglich [sic!] ungefähr 100 Menschen oder etwas weniger in Estland gibt, die man wegen der Verletzung von Menschenrechten anklagen könnte" (Postimees vom 28.01.1999, zitiert nach Jära 1999: 21). Uibopuu sah 1997 ebenfalls noch eine signifikante Kontinuität der ehemaligen Eliten:

> „Aus der mittleren Elite sind allerdings noch einige Personen in der Wirtschaft, aber auch in der Politik tätig [...]. Merkwürdigerweise findet man unter dem Personal im Gebäude des Parlaments und der Regierung Toompea erstaunlich viele Bedienstete aus kommunistischer Zeit" (Uibopuu 1997: 13).

Allerdings sei mit dem Verbot einer Parteimitgliedschaft von Staatsbediensteten und Sicherheitskräften die Depolitisierung von Armee- und Polizeieinheiten erfolgreich verlaufen, und auch die

> „Rehabilitierung der Opfer des Kommunismus [...] kann als abgeschlossen betrachtet werden. Angehörige der [antikommunistischen, F.M.] ‚Waldbrüder', die bis etwa 1953 als Partisanen kämpften, erhalten, genauso wie ehemalige estnische Angehörige der Wehrmacht und auch der Waffen-SS, einen staatlichen Zuschuss zu ihrer Pension" (Uibopuu 1997: 13).

So werden in Estland die Soldaten, welche innerhalb der Wehrmacht und der Waffen-SS gegen die Sowjets gekämpft haben, nicht nur pauschal - egal ob diese den deutschen Einheiten freiwillig beitraten oder unter Zwang einberufen wurden - als Freiheitskämpfer für die estnische Unabhängigkeit glorifiziert, sondern erhalten sogar als anerkannte Opfer des Kommunismus eine staatliche Rente.

Mit der Kontinuität der Eliten lassen sich mögliche Antworten auf die Fragen finden, warum Moskau nicht schon viel früher die nicht erfolgte Aufarbeitung des Holocaust in Estland monierte und den „Faschismus-Vorwurf" als geschichtspolitische Waffe in der Außenpolitik einsetzte, um die Lage der russischen Minderheit in Estland anzuprangern und warum sich Ex-Präsident Wladimir Putin noch im

Jahr 2003 durch einen offenen Brief Ariel Scharons auf die Situation in Estland hinweisen lassen musste.
Hätte Moskau schon in den 1990er Jahren eine Aufarbeitung der Nazi-Kollaboration eingefordert, wäre die Reaktion darauf gewesen, zunächst die zeitlich nähere und intensivere sowjetische Vergangenheit aufzuarbeiten, wodurch das offizielle Geschichtsbild vom „Großen Vaterländischen Krieg" und von der Sowjetunion in Russland negativ beeinflusst worden wäre. In diesem Kontext ist auch die Aussage des ehemaligen russischen Botschafters in Tallinn, Alexeij Glukhow, zu sehen, der 1997 Estland dazu anhielt, die Vergangenheit am besten zu vergessen, um die estnisch-russischen Beziehungen in der Zukunft weiterhin positiv gestalten zu können (Jära 1999: 18).
Erst nachdem die Kontinuität der kommunistischen Eliten in Estland und damit der direkte Einfluss Moskaus auf die geschichtliche Aufarbeitung in Estland abnahm und eine allmähliche Aufarbeitung der unmittelbaren kommunistischen Vergangenheit durch liberale, von der Vergangenheit unabhängige Kräfte erfolgte, war es der russischen Führung möglich, den „Faschismus-Vorwurf" gegenüber Estland zu formulieren und neben der angelaufen Aufarbeitung der kommunistischen Besatzung und der damit verbundenen Kollaboration auch die Aufarbeitung der Kollaboration von Esten mit den Nazis und die Beteiligung von Esten am Holocaust[108] einzufordern. So konnte das estnische Volk während der 1990er Jahre damit beruhigt werden, dass die Bekleidung hochrangiger Posten im unabhängigen Staat an einen Amtseid gebunden wurde. Dieser Eid bedeutete die Versicherung, dass man nie an Verbrechen in Zusammenarbeit mit den kommunistischen Besatzern gegen das estnische Volk teilgenommen oder mit der sowjetischen Geheimpolizei zusammengearbeitet habe (Jära 1999: 16).
Überraschenderweise war jedoch auch die estnische Bevölkerung nicht besonders an der Aufarbeitung der eigenen kommunistischen Vergangenheit interessiert. Mitte der 1990er Jahre bekundeten lediglich 8% der Bevölkerung Estlands ein Interesse daran, estnische Kollaborateure und Verbrecher aus der sowjetischen Besatzungszeit vor Gericht zu bringen (Steen 1997: 102). Dies kann wiederum auf das Selbstverständnis der Esten in der kollektiven Opferrolle zurück geführt werden, in der man, ohne eine Chance auf ein selbstbestimm-

108 Zum Ausmaß des Holocaust in Estland vgl. exemplarisch: Gottwaldt, Alfred; Schulle, Diana (2005): Die „Judendeportationen" aus dem Deutschen Reich 1941-1945. Wiesbaden: Marix Verlag, besonders S. 248ff.

tes, individuelles Handeln gehabt zu haben, „Befehle von oben" auszuführen hatte und demnach auch Verbrechen von Esten gegen Esten legitimieren konnte.[109] Diesem Impetus entspricht die Aussage des estnischen Generalstaatsanwalts Heino Tõnismägi[110], nachdem Estland durch ihn im Jahr 2006 den fünfjährigen Prozess gegen den vom Simon-Wiesenthal-Zentrum als Nazi-Kollaborateur dringend verdächtigten Harry Männil einstellte. Tõnismägi sagte in seiner Stellungnahme zur Einstellung des Prozesses im Januar 2006: „Estland war zu dieser Zeit besetzt. Das waren die Verbrechen der Besatzungsmacht" (Jerusalem Post: 05.01.2006). Dies führte zu einer Welle von Protesten in Israel und hatte ein diplomatisches Nachspiel zwischen den beiden Staaten. Mit dem Okkupationsstatus wurden so Ende 2005 explizit alle von Esten begangenen Verbrechen zwischen 1941 und 1944, faktisch jedoch sogar von 1940 bis zum Ende der Besatzungszeit als nicht existent deklariert. Andererseits muss natürlich auch bedacht werden, dass der größte Teil der estnischen Nazi-Kollaborateure schon während der Sowjetzeit strafrechtlich verfolgt und abgeurteilt worden war. Diesen Umstand lassen die Kampagnen von Efraim Zuroff[111] und dem Simon-Wiesenthal-Center außer acht (Birn 2006: 267).

Auch Eva-Clarita Onken führt als Grund für die verfehlte Aufarbeitung der Geschichte die Besatzung durch die UdSSR und die dadurch empfundene Entmündigung der Esten an: „Where there is no freedom, some argued, one cannot be held responsible for one's actions" (Onken 2007b: 110). Zudem merkt Onken an, dass das Finden von belastendem Material über Politiker und Personen des öffentlichen Lebens ob deren Verstrickungen in das sowjetische Regime die soziale Stabilität einer jungen Demokratie gefährden könnte. Sie

---

109 Dabei ist Estland kein Einzelfall im postsowjetischen Raum. „Nirgendwo in den ehemaligen Sowjetblockländern ist es gelungen, einen geeigneten rechtlichen Rahmen für die Ahndung der Verbrechen des kommunistischen Systems zu finden", und wenn es zu einzelnen Verurteilungen gekommen ist, hatten diese meist eine symbolische „Sündenbockfunktion" (Pók 2007: 22) inne.

110 In diesem Fall im Kontext einer Kollaboration mit den Nationalsozialisten, aber allgemeingültig in Hinblick auf die juristische Aufarbeitung der Vergangenheit.

111 In diesem Kontext wirft Ruth Bettina Birn Zuroff Sympathien mit den stalinistischen Tätern in Estland vor, was Wasser auf den Mühlen derer ist, welche auf die Initiativen Zuroffs zum Aufspüren der letzten noch lebenden estnischen Nazi-Verbrecher am liebsten gar nicht reagieren (Birn 2006: 267f., Fußnote 34).

verweist dabei auf Timothy Garton Ash (2004), der kritisch gefragt hatte, ob die legale und moralische Beschäftigung mit der unmittelbaren Vergangenheit wirklich eine notwendige Vorbedingung für eine demokratische Entwicklung darstelle oder ob diese Konfrontation nicht unweigerlich in die Vertiefung von innergesellschaftlichen Spaltungen und eine Intensivierung von Konflikten rund um die Vergangenheit münden muss (Garton Ash 2004: 267ff.). Vielleicht muss man noch einige Jahre warten, bis die heutige „importierte Debatte" (Brüggemann 2006: 40) über den Holocaust in Estland in unbelastete Aufklärungsarbeit umschlagen kann, denn der Faktor, „wie wesentlich eine gefestigte Identität ist, bevor sie die eigene Täterrolle annehmen kann" (Brüggemann 2006: 41), darf - auch mit Blick auf Deutschland nach dem Zweiten Weltkrieg - nicht unterschätzt werden.
In diesem Kontext sieht Garton Ash die Aufarbeitung der Vergangenheit in Deutschland nach dem Zweiten Weltkrieg als vorbildlich an und spricht von einer DIN-Norm innerhalb der Vergangenheitsbewältigung (Garton Ash 1999: 309), also internationalen Maßstäben, welche die Bundesrepublik gesetzt habe. Jedoch gibt es auch einzelne Stimmen, welche eine Übertragung dieser „Geschichtsversessenheit" in der Vergangenheitsbewältigung auf Osteuropa kritisch sehen, und stattdessen „Geschichtsvergessenheit" (Troebst 2005: 384f.) im Sinne eines „Verheilenlassens alter Wunden" und den „Blick nach vorn" als den Königsweg beschreiben, um ohne die gesellschaftlichen Störfaktoren einer solchen Aufarbeitung die Zukunft positiv zu gestalten. Richard Esbenshade nennt eine solche Herangehensweise „strategisches Vergessen" (Esbenshade 1995: 86).

6 Schluss

Die vorangegangen Kapitel haben den Konflikt um den „Bronzenen Soldaten“ im Estland der Gegenwart, der seinen Ursprung in der Einschätzung und der Bewertung der Vergangenheit hat, ausführlich dargestellt. Anhand der dokumentierten Aussagen und nachgezeichneten Entscheidungen von estnischen Politikern der rechtskonservativen Regierungsmehrheit wird deutlich, wie wenig diese an der Generierung einer gesamtestnischen Sichtweise von Vergangenheit, auch unter Einbeziehung der russophonen Minderheit, interessiert sind. Dabei offenbart sich diese Position nicht nur im Kontext der Verlegung des „Bronzenen Soldaten“, sondern auch im politischen Tagesgeschäft sowie bei der Unterstützung von Museen und privaten Initiativen, welche ein konfrontatives Geschichtsbild im Sinne der Regierung pflegen, vertreten und verbreiten. Dies geschieht bei konsequenter Verweigerung eines Dialogs mit Vertretern der russischen Minderheit und anderen, auf Ausgleich bedachten Personen oder Institutionen.
In diesem Kontext ist allerdings auch die Rolle der Russländischen Föderation von immenser Wichtigkeit, welche mit einer wahren Propagandaschlacht im Zusammenhang mit der Denkmalverlegung in Tallinn die estnische Position noch weiter gefestigt hat. Damit können auch die integrationswilligen ethnisch russischen Esten nicht zufrieden sein, deren Position durch das Eingreifen Moskaus möglicherweise noch weiter verschlechtert wurde.

In der vorliegenden Arbeit wurde dokumentiert, wie sich der „Krieg der Denkmäler“ in Estland von dem Beispiel in Pärnu und Lihula, welches sich auf die konfliktträchtige Formel „Freiheitskrieger vs. Faschist“ reduzieren lässt, hin zu dem Konflikt um den „Bronzenen Soldaten“ entwickelt hat, der für den Antagonismus „Besatzer vs. Befreier“ steht. Anhand dieser Entwicklung wird deutlich, dass der innerestnische Konflikt um die Geschichte immer auch eine außenpolitische Komponente haben wird, solange Estland keine geschichtspolitische Neuorientierung vollzieht. Historisch bedingte Reflexe der Russländischen Föderation mit seiner „geschlossenen, paranoiden, mobilisierten, militaristischen Gesellschaft, in der die Staatsgewalt den Haß ihrer Bürger auf innere und äußere Gegner aufrechterhält sowie Feindbilder und Angst vor dem Feind kultiviert, um die Notwendigkeit ihrer eigenen Existenz zu begründen“ (Gudkow 2005: 62), muss Estland in Zukunft vermeiden lernen –

nicht jedoch aus einer historischen Unterwürfigkeit, sondern aus einer demokratischen Überlegenheit heraus.

Estland sollte sich in diesem Zusammenhang nicht an dem Störfeuer aus Moskau orientieren, sondern, so die Forderung Brüggemanns, die „im politischen Sinne ethnisch integrierende Instrumentalisierung von Geschichte" (Brüggemann 2006: 46) überdenken und im Zuge der Integration der russophonen Minderheit ein pluralistischeres Geschichtsbild etablieren, welches nicht große Teile der Bevölkerung aufgrund der eindimensionalen Kanonisierung der Geschichte (Brüggemann 2008: 145) - eine Gemeinsamkeit mit der von Moskau verfolgten Geschichtspolitik - aus der Gesellschaft ausschließt. In der aktuellen estnischen Geschichtspolitik geht es in hohem Maße um eine falsch verstandene Emanzipation von Russland bzw. der sowjetischen Vergangenheit, welche nicht in einer „damnatio memoriae" gelöst werden kann, sondern mit der ein „modus vivendi" gefunden werden muss. Dies erfordert eine Demokratisierung der Geschichte[112] in Estland.

Nach Alexander Astrow kann allerdings die Schaffung eines pluralistischen Geschichtsbildes allein die interethnischen Probleme in Estland nicht lösen, da er die russische Minderheit im Land zu sehr in die Rolle eines Sündenbocks gedrängt sieht, dem elementare Bürgerrechte vorenthalten würden. Genauer führt Astrow diesen Gedankengang in dem Kapitel „Bronzener Soldat oder homo sacer[113]?"

---

112 Diese Demokratisierung von Geschichte hatte Eva-Clarita Onken für Lettland gefordert und den Weg dorthin untersucht. Vgl. Onken, Eva-Clarita (2003): Demokratisierung der Geschichte in Lettland. Staatsbürgerliches Bewußtsein und Geschichtspolitik im ersten Jahrzehnt der Unabhängigkeit. Hamburg: Reinhold Krämer Verlag.

113 Der Ausdruck *homo sacer* (mit der Doppelbedeutung des Wortes *sacer*, heilig und vogelfrei) kommt aus dem römischen Recht (Astrow 2007c: 101f.) und bezeichnet den Rechtsstatus eines Menschen, der ohne Gerichtsverfahren sofort getötet werden darf und dem damit noch nicht einmal mehr gewisse rechtliche Garantien und Verfahrensformen wie normalen Verbrechern gewährt werden. „Aus der Rechtsgemeinschaft ausgeschlossen stand er jenseits des menschlichen wie des göttlichen Rechts und konnte weder rechtlich verfolgt noch religiös geopfert werden. Weder ganz lebendig noch als vollständig tot anerkannt, war der *homo sacer* eine Art 'lebender Toter', dem noch das elementare Recht verweigert war, wie ein Mensch zu sterben" (Lemke 2004: 259, Hervorhebung im Original). In seiner Interpretation bezieht sich Astrow auf den italienischen Philosophen Giorgio Agamben (Vgl. Agamben 2002).

seiner Monografie (Astrow 2007c: 99ff.) zur Minderheitenpolitik in Estland aus, in dem er Gestalt und Ausformung des Ausnahmezustandes in Demokratien und dessen negative Auswirkungen auf Recht und Gesetz auf den Fall des „Bronzenen Soldaten" überträgt. Dabei stellt Astrow auf den nicht gesetzlich abgesicherten Akt der Verlegung des Denkmals in Tallinn sowie auf das darauf folgende Versammlungsverbot in der Innenstadt ab, wobei die russische Minderheit aufgrund eines von der Regierung geschaffenen rechtsfreien Raumes bestraft worden sei. Auch die nicht gewährleistete Verfolgung von Straftaten durch die Sicherheitskräfte sieht Astrow in diesem Kontext. In dieser Konstellation, so Astrow, verkörpere die russische Minderheit den homo sacer, also den Rechtlosen und Ausgestoßenen, der sich des willkürlichen Zugriffs des Staates nicht erwehren kann. Dieser rechtsfreie Raum, so Astrow, trete allerdings nicht erst seit den Ereignissen von 2007 temporär in Estland in Erscheinung. Diese These belegt er unter anderem mit einem Zitat von Andres Kollist aus dem Jahr 2000. Damals hatte Kollist als Direktor des Amts für Staatsbürgerschaft und Migration Estlands in einem Interview erklärt, dass manche estnischen Staatsbeamten in ihrem Umgang mit russischen Klienten nur schwer ihre Absicht verbergen könnten, diesen „das Leben zur Hölle zu machen" (Astrow 2007c: 115).

Auch die estnische Soziologin Pille Petersoo ist der Ansicht, das eine Annäherung der beiden Ethnien schon wegen der Konstruktion der estnischen Identität unmöglich sei, da diese sich vor allem an der Lokalisierung eines „Internal negative Other", also der russophonen Minderheit in Estland, und einem „External negative Other", der Russländischen Föderation, orientiere und sich damit als positiver Gegensatz selbst erschaffe (Petersoo 2007: 123ff.). Dieser Interpretation folgend müsste ein Ausgleich mit Russland und der russischen Minderheit in Estland zu einem Identitätsverlust der Esten führen. In Hinblick auf eine Neuausrichtung nach Brüggemann in Form eines pluralistischen Geschichtsbildes in Estland könnte sich eine neue Identität herausbilden, welche nicht an ethnische Grenzen stößt.
Arne Bengtsson sieht die Ursachen für die Probleme in Estland ebenfalls in der Identität der ethnisch estnischen Bevölkerung. Für den schwedischen Journalisten liefern der Wegfall des sowjetischen Feindbildes auf der einen und die europäische Einigung auf der anderen Seite den Grund für die innerstaatlichen Auseinandersetzungen in Estland. Mit der Rückkehr Estlands nach Europa erfolge, so Bengtsson, der Export von „westlichen Werten und Normen"

nach Estland. Dies bringe die Individualisierung des Menschen in der kapitalistischen Gesellschaft mit sich, mit der die Esten nicht umgehen könnten. So fragt Bengtsson rhetorisch:

> „Wonach sollen sie [die jungen Estinnen und Esten, F.M.] nun streben? Denn der Lebensinhalt war der Widerstand gegen die Unterdrückung und wie man einen Weg in die Freiheit findet. Viele haben [...] entdeckt, dass der Kampf bedeutungsvoller war als das Siegen, dass der Weg viel mehr als das Ziel die Mühe wert war [...]" (Bengtsson 2007: 355).

So sind laut Bengtsson die für die Esten vollkommen neuen Konkurrenzimperative und Einträglichkeitsgedanken innerhalb der Gesellschaft die Wurzeln des Übels, welche eine Verflüchtigung von menschlichen Beziehungen mit sich bringen würden. Außerdem könnten viele Esten im Zuge der Technisierung kaum mehr zwischen realer und virtueller Welt unterscheiden, was in der gegenwärtigen Kombination zu einem weitläufigen Verfall moralischer Normen innerhalb der einst homogenen Gesellschaft führen würde. In diesem Kontext fordert er mit den Worten des estnischen Schriftstellers und Philosophen Jaan Kaplinski eine Rückbesinnung auf vergangene Zeiten der Solidarität:

> „Kaplinski stellt fest, dass das Jahrzehnt nach der estnischen Befreiung von der Sowjetunion sich anfühlt wie eine estnische Ordnung unter der europäischen Geißel: ‚Unsere neue Zeit ist grausam, aber auf eine andere Weise als die alte sowjetische Zeit. Die unausgesprochene Solidarität zwischen den Esten ist verloren gegangen. Es herrschte eine seltsame Art der Verschwörung zwischen allen, angefangen von Sekretären bis hin zu einfachen Hilfsarbeitern, sie alle waren sich einig, dass die Angelegenheiten ihres Heimatlandes anders behandelt werden sollten als von der Führung des Kreml'" (Bengtsson 2007: 356f.).

Bei der Beschwörung einer „panestnischen Solidarität" versteigt sich Bengtsson allerdings sehr auf ein Gefühl, welches zu Zeiten der sowjetischen Besatzung und auch vorher fast ausschließlich von ethnischen Esten gelebt und getragen wurde. Ein solches Gefühl auf die heutige Gesellschaft in Estland zu übertragen wird nicht durch den Rekurs auf historische Reminiszenzen zu schaffen sein. Mit Blick in die Zukunft müsste ein vollkommen neues Zusammengehörigkeitsgefühl geschaffen werden, welches alle Menschen mit einbezieht, die in Estland leben. Dies erscheint unmöglich, wenn man sich lediglich auf das kollektive Gedächtnis *einer* großen Ethnie im Land stützt, welches sich noch dazu antagonistisch zu dem der *anderen* großen Ethnie verhält.

Tatsächlich ist eine Neuorientierung in der Betrachtungsweise von Geschichte in Estland notwendig, von der man allerdings nicht zu schnell zählbare Ergebnisse erwarten sollte. Grundvoraussetzung dafür ist, wie es auch von der russischen NGO *Memorial* im Kontext des „Krieges der Erinnerungen" in Osteuropa gefordert wurde (Memorial 2008: 77ff.), ein unvoreingenommener und zivilisierter Meinungsaustausch zu strittigen Fragen der Geschichte. Nur so kann ein gegenseitiges Verständnis für die verschiedenen Geschichtsbilder erzeugt werden, welche sich nicht zwangsläufig einander anzunähern haben. Dabei ist der Dialog, den die verantwortungslos handelnde estnische Regierung den Gegnern der Denkmalverlegung in Tallinn verweigerte, unverzichtbar für ein menschenwürdiges Miteinander in der an historischen Bruchstellen gespaltenen estnischen Gesellschaft.

A Literatur- und Quellenverzeichnis

Aasland, Aadne (1996): *Russians Outside Russia: The New Russian Diaspora*, in: Smith, Graham (Hrsg): The Nationalities Question in the Post-Soviet States. London: Longman, S. 477-497.

Ackermann, Ulrike (2006): *Das gespaltene Gedenken. Hie Holocaust, da Gulag: Eine gesamteuropäische Erinnerungskultur ist noch nicht in Sicht*, in: Internationale Politik 5/2006, S. 44-48.

Agamben, Giorgio (2002): *Homo sacer. Die souveräne Macht und das nackte Leben.* Frankfurt am Main: Suhrkamp Verlag.

Andersen, Eric André (1999): *An Ethnic Perspective on Economic Reform: The Case of Estonia.* Aldershot: Ashgate.

Arndt, Melanie; Gerber, Veronika (2005): *Befreiung? Unerhört! Der 60. Jahrestag des Endes des Zweiten Weltkrieges – Baltische Wahrnehmungen und Reaktionen*, in: Zeitgeschichte-online, Thema: Die Russische Erinnerung an den „Großen Vaterländischen Krieg", Mai 2005. http://www.zeitgeschichteonline.de/Portals/_Rainbow/documents/pdf/russerinn/arndt_gerber.pdf (Abgerufen am 05.08.2008)

Arnold, Sabine (1998): *Stalingrad im sowjetischen Gedächtnis: Kriegserinnerung und Geschichtsbild im totalitären Staat.* Dortmund: Projekt-Verlag.

Assman, Jan (1992): *Das kulturelle Gedächtnis. Schrift, Erinnerung und politische Identität in frühen Hochkulturen.* München: Beck.

Astrow, Alexander (2007a): *Monumental Crisis: 'Nazis', 'Occupiers' and Other Nihilists.* Unveröffentlichtes Manuskript. Der Text ist auf estnisch erschienen: Monumentaalne kriis: "natsid", "okupandid" ja teised nihhilistid [Monumentale Krise: „Nazis", „Besatzer" und andere Nihilisten] in Petersoo, Pille; Tamm, Marek (Hrsg.) (2008): Monumentaalne konflikt. Mälu, poliitika ja identiteet tänapäeva Eestis [Monumentaler Konflikt: Erinnerung, Politik und Identität im heutigen Estland]. Tallinn: Varrak, S. 92-111.

Astrow, Alexander (2007b): *Is this the order we wanted?* http://alastr.net/forum/comments.php?DiscussionID=419 (Abgerufen am 08.07.2008)

Astrow, Alexander (2007c): *Самочинное сообщество: Политика меньшинств или малая политика?* [Die willkürliche Gesellschaft: Minderheitenpolitik oder verminderte Politik?]. Tallinn: Universitätsdruckerei Tallinn.

Bengtsson, Arne (2007): *Bronssoldatens hämnd – Baltiska betraktelser* [Die Rache des Bronzenen Soldaten – Baltische Betrachtung]. Vimmerby: Grannland.

Berg, Eiki; Ehin, Piret (Hrsg.) (2008): *Identity and Foreign Policy: Baltic-Russian Relations and European Integration.* Aldershot: Ashgate (im Druck).

Berger, Stefan (2007): *Narrating the Nation: Die Macht der Vergangenheit*, in: Aus Politik und Zeitgeschichte 1-2/2008, S. 7-13.

Beyme, Klaus von (1994): *Systemwechsel in Osteuropa*. Franfurt am Main: Suhrkamp.

Birckenbach, Hanne-Margret (1997): *The Role of Fact-finding in Preventive Diplomacy*, in: The International Journal of Peace Studies 2/1992. http://www.gmu.edu/academic/ijps/vol2_2/birckenbach.htm (Abgerufen am 20.08.2008)

Birckenbach, Hanne-Margret (2000): *Half Full or Half Empty? The OSCE Mission to Estonia an its Balance Sheet 1993 - 1999*. Flensburg: European Centre for Minority Issues.

Birn, Ruth Bettina (2006): *Die Sicherheitspolizei in Estland 1941 - 1944. Eine Studie zur Kollaboration im Osten*. Paderborn: Ferdinand Schöningh.

Bock, Hans Manfred (2000): *Zwischen nationalem Gedächtnis und europäischer Zukunft. Französische Geschichtskultur im Umbruch*, in: Deutsch-Französisches Institut (Hrsg.): Frankreich-Jahrbuch 2000. Opladen: Leske + Budrich, S. 33-50.

Brubaker, Rogers (1997): *Nationhood and the National Question in the Soviet Union and Post-Soviet Eurasia: An Institutionalist Account*, in: Oommen, Tharaileht K. (Hrsg.): *Citizenship and National Identity: From Colonialism to Globalism*. Neu Delhi: Sage Publications, S. 85-119.

Brüggemann, Karsten (2001): *Von der Renationalisierung zur Demontage nationaler Helden. Oder: „Wie schreibt man estnische Geschichte?"*, in: Osteuropa 7/2001, S. 810-819.

Brüggemann, Karsten (2006): *„Wir brauchen viele Geschichten". Estland und seine Geschichte auf dem Weg nach Europa?*, in Altrichter, Helmut (Hrsg.): Gegen-Erinnerung. Geschichte als politisches Argument im Transformationsprozeß Ost-, Ostmittel- und Südosteuropas. München: R. Oldenbourg Verlag.

Brüggemann, Karsten (2008): *Denkmäler des Grolls. Estland und die Kriege des 20. Jahrhunderts*, in: Osteuropa 6/2008, S. 129-146.

Brüggemann, Karsten; Kasekamp, Andres (2008): *The Politics of History and the "War of Monuments" in Estonia*, in: Nationalities Papers 36:3, Juli 2008, S. 425-448.

Bult, Jeroen (2006): *Everyday Tensions Surrounded by Ghosts from the Past: Baltic-Russian Relations since 1991*, in Tiirma-Klaar, Heli; Marques, Tiago (Hrsg.): Global and Regional Security Challenges: A Baltic Outlook. Tallinn: Tallinn University Press, S. 127-165.

Burch, Stuart; Smith, David J. (2007): *Empty Spaces and the Value of Symbols: Estonia's 'War of Monuments' from Another Angle*, in: Europe-Asia Studies 6/2007, S. 913-936.

Clemens, Walter C. (2001): *The Baltic Transformed: Complexity Theory and European Security*. Lanham: Rowman & Littlefield Publishers.

Commercio, Michele E. (2008): *Systems of Partial Control: Ethnic Dynamics in Post-Soviet Estonia and Latvia,* in: Studies in Comparative International Development 43 (2008), S. 81-100.

Courtois, Stéphane u.a. (2004): *Das Schwarzbuch des Kommunismus – Unterdrückung, Verbrechen und Terror.* München: Piper Verlag.

Demuth, Andreas (2000): *Politics, Migration and Minorities in Independent and Soviet Estonia, 1918-1998.* Osnabrück: Universität Osnabrück. http://deposit.dnb.de/cgibin/dokserv?idn=970391757&dok_var=d1&ok_ext=pdf&filename=970391757.pdf (Abgerufen am 20.02.2008)

Diner, Dan (2007): *Gegenläufige Gedächtnisse. Über Geltung und Wirkung des Holocaust.* Göttingen: Vandenhoeck & Ruprecht.

Dittmer, Stephanie (2003): *Die Politisierung der ethnischen Differenz. Ethnische Mobilisierung und Ethnopolitik in Estland seit der Perestrojka.* Göttingen: Dissertation Universität Göttingen. http://webdoc.sub.gwdg.de/diss/2004/dittmer/dittmer.pdf (Abgerufen am 17.07.2008)

Doroschko, Tatjana (2003): *Russian Diaspora Politics in the Context of Estonia: Diaspora Participation in the Policy-Making Process.* Tartu: Department of Pubilc Administration.

Dubiel, Helmut (1999): *Niemand ist frei von der Geschichte. Die nationalsozialistische Herrschaft in den Debatten des Deutschen Bundestages.* München: Hanser.

Dubin, Boris (2005): *Goldene Zeiten des Krieges: Erinnerung als Sehnsucht nach der Breżnev-Ära,* in: Osteuropa 4/2005, 4-6, S. 219-234.

Elsuwege, Peter van (2004): *Russian-speaking Minorities in Estonia and Latvia: Problems of Integration at the threshold of the European Union.* Flensburg: European Centre for Minority Issues. http://www.ecmi.de/download/working_paper_20.pdf (Abgerufen am 22.08.2008)

Esbenshade, Richard S. (1995): *Remembering to Forget: Memory, History, National Identity in Postwar East-Central Europe,* in: Representations 49, S. 72-96.

Estonian History Museum (2008): *A will to be free. 90 Years of the Republic of Estonia. Exhibition Texts.* Tallinn: Eesti Ajaloomuuseum.

Faulenbach, Bernd (2007): *Diktaturerfahrung und demokratische Erinnerungskultur in Deutschland,* in: Kaminsky, Anne (Hrsg.): Orte des Erinnerns. Gedenkzeichen, Gedenkstätten und Museen zur Diktatur in SBZ und DDR. Bonn: Bundeszentrale für politische Bildung, S. 15-24.

Faulenbach, Bernd (1997): *Erstarrte Rituale oder demokratische Kultur? Zu den Aufgaben und Problemen der Erinnerungsarbeit heute,* in: Vogel, Hans-Jochen; Piper, Ernst (Hrsg.): Erinnerungsarbeit und demokratische Kultur. München: Saur Verlag, S. 9-18.

Flacke, Monika (Hrsg.) (2001): *Mythen der Nationen: Ein europäisches Panorama.* München: Koehler & Amelang.

Frei, Norbert (1999): *Vergangenheitspolitik. Die Anfänge der Bundesrepublik und die NS-Vergangenheit*. München: Deutscher Taschenbuch Verlag.

Garton Ash, Timothy (1999): *Zeit der Freiheit. Aus den Zentren des neuen Europas.* München: Hanser.

Garton Ash, Timothy (2004): *Trials, Purges and History Lessons: Treating a Difficult Past in Post-Communist Europe*, in: Müller, Jan-Werner (Hrsg.): Memory and Power in Post-war Europe: Studies in the Presence of the Past. Cambridge: Cambridge University Press, S. 265-282.

Götz, Norbert; Hanne, Gottfried; Onken, Eva-Clarita (1998): *Ethnopolitik*, in: Graf, Heike; Kerner, Manfred (Hrsg.): Handbuch Baltikum heute. Berlin: Berlin Verlag Arno Spitz, S. 299-334.

Gottwaldt, Alfred; Schulle, Diana (2005): *Die „Judendeportationen" aus dem Deutschen Reich 1941-1945*. Wiesbaden: Marix Verlag.

Gudkow, Lew (2005): *Die Fesseln des Sieges. Rußlands Identität aus der Erinnerung an den Krieg*, in: Osteuropa 4-6/2005, S. 56-72.

Halbwachs, Maurice (1967): *Das kollektive Gedächtnis*. Stuttgart: Ferdinand Enke Verlag.

Halecki, Oskar (1957): *Europa: Grenzen und Gliederung seiner Geschichte*. Darmstadt: Wissenschaftliche Buchgesellschaft.

Halecki, Oskar (1950): *The Limits and Divisions of European History*. London: Sheed & Ward.

Hansen, Imke (2008): *Die politische Planung der Erinnerung. Geschichtskonstruktionen in Belarus zwischen Konflikt und Konsens*, in: Osteuropa 6/2008, S. 187-196.

Hiio, Toomas; Maripuu, Meelis; Paavle, Indrek (Hrsg.) (2006): *Estonia 1940 – 1945: Reports of the Estonian International Commission for the Investigation of Crimes against Humanity*. Tallinn: Estonian Commission for the Investigation of Crimes against Humanity.

Hobsbawm, Eric (1992): The Invention of Tradition. Cambridge: Cambridge University Press.

Hockerts, Hans Günther (2002): *Zugänge zur Zeitgeschichte: Primärerfahrung, Erinnerungskultur, Geschichtswissenschaft*, in: Jarausch, Konrad; Sabrow, Martin (Hrsg.): Verletztes Gedächtnis. Erinnerungskultur und Zeitgeschichte im Konflikt. Frankfurt am Main: Campus, S. 39-73.

Iber, Walter; Ruggenthaler, Peter (2007): *Drei Besatzungen unter zwei Diktaturen. Eine vorläufige Bilanz der Forschungsarbeiten der internationalen Historikerkommissionen in Lettland, Litauen und Estland*, in: Weber, Hermann (Hrsg.): Jahrbuch für historische Kommunismusforschung. Berlin: Aufbau-Verlag 2007, S. 276-297.

Jacob, Antoine (2007): *Intégrer les minorités russophones en Estonie*, in : Le courrier des pays de l'Est, 1061 (Mai/Juni 2007), S. 85-88.

Jära, Hanna (1999): *Dealing with the past. The case of Estonia.* Helsinki: The Finnish Institute of International Affairs.

Järve, Priit (2000): *Ethnic Democracy and Estonia: Application of Smooha's Model.* Flensburg: European Centre for Minority Issues. http://ecmi.de/download/working_paper_7.pdf (Abgerufen am 22.08.2008)

Jaworski, Rudolf (2007): *Denkmalstreit und Denkmalsturz im östlichen Europa – Eine Problemskizze,* in: Ders.; Stachel, Peter (Hrsg.): Die Besetzung des öffentlichen Raumes. Politische Plätze, Denkmäler und Straßennamen im europäischen Vergleich. Berlin: Frank & Timme, S. 175-190.

Jensen, Kenneth M. (1994): *Introduction,* in: Aron, Leon R.; Ders. (Hrsg.): The Emergence of Russian Foreign Policy. Washington D.C.: United States Institute of Peace, S. 8-11.

Jilge, Wilfried (2008): *Nationalukrainischer Befreiungskampf. Die Umwertung des Zweiten Weltkrieges in der Ukraine,* in: Osteuropa 6/2008, S. 167-186

Kaasik, Peeter (2006a): *Common grave for and a memorial to Red Army soldiers on Tõnismägi, Tallinn. Historical statement.* Tallinn: Inimsusevastaste Kuritegude Uurimise Eesti Sihtasutus.

Kaasik, Peeter (2006b): *Tallinnas Tõnismäel asuv puunarmelaste ühishaud ja mälestusmärk. Ajalooline õiend* [Der Domberg von Tallinn mit dem Massengrab der Roten Armee und dem Denkmal. Eine historische Berichtigung]. Tallinn: Inimsusevastaste Kuritegude Uurimise Eesti Sihtasutus.

Kämpfer, Frank (1994): *Vom Massengrab zum Heroen-Hügel. Akkulturationsfunktionen sowjetischer Kriegsdenkmäler,* in: Koselleck, Reinhart; Jeismann, Michael (Hrsg.): Der politische Totenkult: Kriegerdenkmäler in der Moderne. München: Fink, S. 372-349.

Kalniete, Sandra (2005): *Mit Ballschuhen im sibirischen Schnee.* München: Herbig.

Kalniņš, Ojārs (2005): *Latvia in the 20th Century – From the Local to the Global Perspective.* Manuskript präsentiert auf der EUROCLIO Annual Conference, Riga, April 2005.

Karl, Lars (2002): *Von Helden und Menschen. Der Zweite Weltkrieg im sowjetischen Spielfilm (1941-1965),* in: Osteuropa 1/2002, S. 67-82.

Kattago, Siobhan (2008): *Goodbye to Grand Narratives? The Debate over the Soviet War Memorial in Tallinn,* in: Constellations: An International Journal of Critical and Democratic Theory 3/2008 (im Erscheinen).

Kattago, Siobhan (2008a): *War Memorials and the Civilizing Process: Reflections on the Soviet War Memorial in Tallinn.* Unveröffentlichtes Manuskript. Der Text ist auf estnisch erschienen: Sõjamälestusmärgid ja tsiviliseerumisprotsess [Kriegsdenkmäler und der Zivilisationsprozess], in Petersoo, Pille; Tamm, Marek (Hrsg.) (2008): Monumentaalne konflikt. Mälu, poliitika ja identiteet tänapäeva Eestis [Monumentaler Konflikt: Erinnerung, Politik und Identität im heutigen Estland]. Tallinn: Varrak, S. 51-69.

Kionka, Riina Ruth (2008): *Estonia's Minority Policy: Origins and development,* in: Estonian Ministry of Foreign Affairs Yearbook 2007, Tallinn: Estonian Ministry of Foreign Affairs, S. 31-40. http://web-static.vm.ee/static/failid/428/Riina_Kionka.pdf (Abgerufen am 26.05.2008)

Kirch, Aksel; Kirch, Maria (1992): *National Minorities in Estonia,* in: Rupesinghe, Kumar; King, Peter G.; Vorkunova, Olga (Hrsg.): Ethnicity and Conflict in a Post-communist World. The Soviet Union, Eastern Europe and China. London: Palgrave Macmillan, S. 89-105.

Konradova, Natal'ja; Ryleva, Anna (2005): *Helden und Opfer. Denkmäler in Russland und Deutschland,* in: Osteuropa 4-6/2005, S. 347-365.

Koselleck, Reinhart; Jeismann, Michael (Hrsg.) (1994): *Der politische Totenkult. Kriegerdenkmäler in der Moderne.* München: Fink.

Kruft, Hanno-Walter (1993): *Rekonstruktion als Restauration? Zum Wiederaufbau zerstörter Architektur,* in: Kunstchronik 10/1993, S. 582-589.

Kõressar, Ene (2007): *The Remembrance Culture of the Second World War in Estonia as Presented in Post-Soviet Life Stories: On the Logic of Comparison Between the Soviet and the Nazi Occupations,* in: Mihklelev, Anneli (Hrsg.): We Have Something in Common: The Baltic Memory. Tallinn: The Under and Tuglas Literature Centre of the Estonian Acadamy of Sciences, S. 35-60.

Laar, Mart (2005): *Estland im Zweiten Weltkrieg.* Tallinn: Grenader.

Lagerspetz, Mikko; Vogt, Henri (2004): *Estonia,* in: Berglund, Sten; Ekman, Joakin; Aarebrot, Frank (Hrsg.): Handbook of Political Change in Eastern Europe. Cheltenham: Edward Elgar, S. 57-93.

Lahelma, Timo (1994): *The Role of the CSCE Missions in Preventive Diplomacy – The Case of Estonia (August 1993 – June 1994),* in: Carlsson, Staffan (Hrsg.): The Challenge of Preventive Diplomacy. The experience of the CSCE. Stockholm: Ministry of Foreign Affairs, S. 87-99.

Laitin, David D. (1998): *Identity in Formation: The Russian-Speaking Populations in the Near Abroad.* Ithaka: Cornell University Press.

Lang, Kai-Olaf (2005): *Populismus in Ostmitteleuropa. Manifestationen, Besonderheiten und Chancenstrukturen,* in: Thadden, Rudolf von; Hofmann, Anna: Populismus in Europa – Krise der Demokratie? Göttingen: Wallstein, S. 137-153.

Langenohl, Andreas (2005): *Staatsbesuche. Internationalisierte Erinnerung an den Zweiten Weltkrieg in Rußland und Deutschland,* in: Osteuropa 4-6/2005, S. 74-86.

Leggewie, Claus; Meyer, Erik (2005): *„Ein Ort, an den man gerne geht". Das Holocaust-Mahnmal und die deutsche Geschichtspolitik nach 1989.* München: Carl Hanser Verlag.

Lemke, Thomas (2004): *Die politische Ökonomie des Lebens. Biopolitik und Rassismus bei Michel Foucault und Giorgio Agamben,* in: Bröckling, Ulrich; Bühler, Benjamin; Hahn, Marcus; Schöning, Matthias; Weinberg, Manfred (Hrsg.): Disziplinen des Lebens. Zwischen Anthropologie, Literatur und Politik. Tübingen: Gunter Narr Verlag, S. 257-274.

Levy, Daniel; Sznaider, Natan (2001): *Erinnerung im globalen Zeitalter: Der Holocaust.* Frankfurt am Main: Suhrkamp.

LICHR (Hrsg.) (2006): *Media against Intolerance and Discrimination: Estonian Situation and International Experience.* Tallinn: Legal Information Centre for Human Rights.

LICHR (Hrsg.) (2007): *Bronze Soldier. April Crisis.* Tallinn: Legal Information Centre for Human Rights.

Liik, Kadri (2008): *The „Bronze Year" of Estonia-Russia relations,* in: Estonian Ministry of Foreign Affairs Yearbook 2007, Tallinn: Estonian Ministry of Foreign Affairs, S. 71-76.
http://web-static.vm.ee/static/failid/053/Kadri_Liik.pdf (Abgerufen am 26.05.2008)

Linz, Juan; Stepan, Alfred (1996): *Problems of Democratic Transition and Consolidation: Southern Europe, South America and Post-Communist Europe.* Baltimore: Johns Hopkins University Press.

Lipinsky, Jan (2000): *Sechs Jahrzehnte Geheimes Zusatzprotokoll zum Hitler-Stalin-Pakt. Sowjetrussische Historiographie zwischen Leugnung und Wahrheit,* in: Osteuropa 10/2000, S. 1123-1148.

Madisson, Tiit (1996): *Vastasseis. Mälestusi ning olupilte ikestatud Eestist, Gulagi laagrist ja Kolõmalt* [Widerschein. Erinnerungen und Situationsbilder aus dem unterjochten Estland, den Gulag-Lagern und dem Kolyma-Hochland], Tallinn: Umara.

Madisson, Tiit (2005): *Lihula õppetund. Maailma uue korra loomine Eestis: ajaloo ümberlegemine ja rahvusluse mahasurumine* [Die Lehrstunde von Lihula. Die Erschaffung einer neuen Weltordnung in Estland: Geschichtsfälschung und Unterdrückung von Nationalismus], Lihula: Ortwil.

Madisson, Tiit (2006): *Holokaust. XX sajandi masendavaim sionistlik vale* [Holocaust. Die erschreckendste zionistische Lüge des 20. Jahrhunderts], Lihula: Ohvrikivi.

Mainzer, Udo (1991): *Denkmalpflege als Existenzfrage,* in: Denkmalpflege im Land Brandenburg, Band 44. Köln: Landschaftsverband Rheinland, S. 42-47.

Mainzer, Udo (1996): *Denkmäler zwischen Traum und Wirklichkeit. Zum selektiven Umgang mit Geschichte,* in: Wallraf-Richartz-Jahrbuch, Band LVII. Köln: Dumont Buchverlag, S. 213-227.

Marschik, Matthias; Spitaler, Georg (2005): *Das Wiener Russendenkmal. Architektur, Geschichte, Konflikte.* Wien: Verlag Turia + Kant.

Marx, Karl (2007): *Der achtzehnte Brumaire des Louis Bonaparte.* Frankfurt am Main: Suhrkamp.

Meissner, Boris (1998): *The Occupation of the Baltic States from a Present-Day Perspective*, in: Jundzis, Tālavs (Hrsg.): The Baltic States at Historical Crossroads: Political, Economic, and Legal Problems in the Context of International Co-operation at the Beginning of the 21st Century. Riga: Latvian Academy of Science, S. 473-488.

Memorial (2008): Nationale Geschichtsbilder. Das 20. Jahrhundert und der „Krieg der Erinnerungen". Ein Aufruf von Memorial, in: Osteuropa 6/2008, S. 77-84.

Münch, Felix (2006): *The Russian "Near Abroad" Policy towards Estonia – the Baltic States as an Area of World Power Interests*, in: Langenohl, Andreas; Westphal, Kirsten (Hrsg.): Comparing and Inter-Relating the European Union and the Russian Federation. Gießen: Zentrum für Entwicklungs- und Umweltforschung, S. 18-25.

Nielsen-Stokkeby, Bernd (1990): *Baltische Erinnerungen. Estland, Lettland, Litauen zwischen Unterdrückung und Freiheit*. Bergisch Gladbach: Gustav Lübbe Verlag.

Niethammer, Lutz (2000): *Kollektive Identität. Heimliche Quellen einer unheimlichen Konjunktur*. Reinbek: Rowohlt.

Nora, Pierre (1990): *Zwischen Geschichte und Gedächtnis*. Berlin: Verlag Klaus Wagenbach.

Nora, Pierre (2001): *Nachwort*, in: François, Etienne; Schulze, Hagen (Hrsg.): Deutsche Erinnerungsorte, Band III. München: Beck, S. 681-686.

Nõu, Enn (2008): *„Återbesökta soldatmonument" av Magnus Rodell, en kulturessä med ett antal ogrundade och felaktiga påståenden* [„Erneuter Besuch des Soldatendenkmals" von Magnus Rodell, ein Kulturessay mit einer Anzahl von unbegründeten und falschen Behauptungen]. http://www.rel.ee/swe/soldatmonument.pdf (Abgerufen am 24.06.2008)

Onken, Eva-Clarita (2003): *Demokratisierung der Geschichte in Lettland. Staatsbürgerliches Bewußtsein und Geschichtspolitik im ersten Jahrzehnt der Unabhängigkeit*. Hamburg: Reinhold Krämer Verlag.

Onken, Eva-Clarita (2007a): *The Baltic States and Moscow's 9 May Commemoration: Analysing Memory Politics in Europe*, in: Europe-Asia Studies 1/2007, S. 23-46.

Onken, Eva-Clarita (2007b): *The Politics of Finding Historical Truth: Reviewing Baltic History Commissions and their Work*, in: Journal of Baltic Studies 1/2007, S. 109-116.

Østergård, Uffe (2007): *Der Holocaust und europäische Werte*, in: Aus Politik und Zeitgeschichte 1-2/2008, S. 25-31.

Pääbo, Heiko (2008): *War on Memories: Explaining 'Memorials War' in Estonia*, in: Baltic Security and Defence Review 2008, S. 5-28.

Petersoo, Pille (2007): *Reconsidering otherness: constructing Estonian identity*, in: Nations and Nationalism 1/2007, S. 117-133.

Petersoo, Pille; Tamm, Marek (Hrsg.) (2008): *Monumentaalne konflikt. Mälu, poliitika ja identiteet tänapäeva Eestis* [Monumentaler Konflikt: Erinnerung, Politik und Identität im heutigen Estland]. Tallinn: Varrak.

Pettai, Vello (1998): *Emerging Ethnic Democracy in Estonia and Latvia*, in: Opalski, Magda (Hrsg.): Managing Diversity in Plural Societies: Minorities, Migration an Nation-Building in Post-Communist Europe. Ottawa: Forum Eastern Europe, S. 15-32.

Pók, Attila (2007): *Der Kommunismus in ostmitteleuropäischen Nationalgeschichten*, in: Aus Politik und Zeitgeschichte 1-2/2008, S. 20-24.

Poleschtschuk, Wadim (2007): *War of the Monuments: A Chronological Review*, in: Legal Information Centre for Human Rights (Hrsg.): Bronze Soldier. April Crisis. Tallinn: Legal Information Centre for Human Rights, S. 10-23.

Poljan, Pavel (2005): *Sieg nach Plan. Das Organisationskomitee* Pobeda *und die Folgen*, in: Osteuropa 4-6/2005, S. 394-406.

Polianski, Igor J. (2005): *Die kleineren Übel im großen Krieg. Der 60. Jahrestag des Sieges: Das Fest des historischen Friedens und der Krieg der Geschichtsbilder zwischen Baltikum und Russland*, in: Zeitgeschichte-online. Thema: Die Russische Erinnerung an den „Großen Vaterländischen Krieg", Mai 2005. http://www.zeitgeschichte-online.de/zol/_rainbow/documents/pdf/russerinn/polianski.pdf (Abgerufen am 05.08.2008)

Puhl, Jan (2005): *Die Multi-Kulti-Truppe*, in: Spiegel special 2/2005, S. 79-81.

Randelzhofer, Albrecht (Hrsg.) (1991): *Völkerrechtliche Verträge. UNO, Beistandspakte, Menschenrechte, See-, Luft- und Weltraumrecht, Umweltrecht, Kriegsverhütungsrecht, deutsche Einheit*. Nördlingen: C. H. Beck.

Rauschenbach, Brigitte (1998): *Politik der Erinnerung*, in: Rüsen, Jörn; Straub, Jürgen (Hrsg.): Die dunkle Spur der Vergangenheit: Psychoanalytische Zugänge zum Geschichtsbewusstsein. Frankfurt am Main: Suhrkamp, S. 354-372.

Riigikantselei [Staatskanzlei] (2001): *Eesti Tänab 1919 – 2001* [Estnische Honoratioren 1919 - 2001], Tallinn: Riigi Teataja Kirjastus.

Rüsen, Jörn (1999): *Sinnverlust und Sinnbildung im historischen Denken am Ende des Jahrhunderts*, in: Küttler, Wolfgang; Ders; Schulin, Ernst (Hrsg.): Geschichtsdiskurs Band 5. Globale Konflikte, Erinnerungsarbeit und Neuorientierungen seit 1945. Frankfurt am Main: Fischer, S. 360-377.

Salo, Vello (Hrsg.) (2005): *The White Book. Losses Inflicted on the Estonian Nation by Occupation Regimes, 1940-1991. Estonian State Commission on Examination of the Policies of Repression*. Tallinn: Estonian Encyclopaedia Publishers.

Scheide, Carmen (2008): *Erinnerungsbrüche. Baltische Erfahrungen und Europas Gedächtnis*, in: Osteuropa 6/2008, S. 117-128.

Scherrer, Jutta (2006): *Russlands neue-alte Erinnerungsorte*, in: Aus Politik und Zeitgeschichte 11/2006, S. 24-28.

Schirren, Carl (1869): *Livländische Antwort an Herrn Juri Samarin*. Leipzig: Duncker und Humblot.

Schmiegelt, Ulrike (2001): *Rußland. Geschichte als Begründung der Autokratie*, in: Flacke, Monika (Hrsg.): Mythen der Nationen: Ein europäisches Panorama. München: Koehler & Amelang, S. 401-421.

Schümer, Dirk (1996): *Memorizid. Geschichte des Vergessens*. Frankfurter Allgemeine Zeitung vom 13. November 1996, S. N5.

Semjonow, Alekseij (2006): *Mechanisms for Interethnic Dialogue in Estonia and Russia: Outcomes and Problems*, in: Helsinki Monitor 3/2006, S. 257-268.

Semjonow, Alekseij (2007): *Preface*, in: Legal Information Centre for Human Rights (Hrsg.): Bronze Soldier. April Crisis. Tallinn: Legal Information Centre for Human Rights, S. 7-9.

Sikk, Allan (2003): *A Cartel Party System in a Post-Communist Country? The Case of Estonia*. Vortrag auf der ECPR Hauptkonferenz, Marburg, 18.-21. September 2003. http://www.essex.ac.uk/ecpr/events/generalconference/marburg/papers/16/3/sikk.pdf (Abgerufen am 13.07.2008)

Smooha, Sammy (2001): *The Model of Ethnic Democracy*. Flensburg: European Centre for Minority Issues.

Speitkamp, Winfried (1997): *Denkmalsturz und Symbolkonflikt in der modernen Geschichte. Eine Einleitung*, in: Ders. (Hrsg.): Denkmalsturz. Zur Konfliktgeschichte politischer Symbolik. Göttingen: Vandenhoeck & Ruprecht, S. 5-21.

Spolitis, Veiko (2007): *Der estnische Denkmalstreit und die Beziehungen zwischen Russland und den baltischen Staaten*, in: Russlandanalysen 134/2007, S. 2-4. http://www.laender-analysen.de/russland/pdf/Russlandanalysen134.pdf (Abgerufen am 08.08.2008)

Steen, Anton (1997): *Between Past and Future: Elites, Democracy and the State in Post-Communist Countries*. Singapore: Ashgate.

Tammaru, Tiit; Kulu, Hill (2003): *The Ethnic Minorities of Estonia: Changing Size, Location, and Composition*, in: Eurasian Geography and Economics 2/2003, S. 105-120.

Tannberg, Tõnu; Tarvel, Enn (2006): *Documents on the Soviet Military Occupation of Estonia in 1940*, in: Trames 1/2006, S. 81-95.

Thiele, Carmen (1999): *Selbstbestimmungsrecht und Minderheitenschutz in Estland*. Berlin: Springer.

Thieme, Tom (2007): *Hammer, Sichel, Hakenkreuz. Parteipolitischer Extremismus in Osteuropa: Entstehungsbedingungen und Erscheinungsformen*. Baden-Baden: Nomos.

Trimborn, Jürgen (1997): *Denkmale als Inszenierungen im öffentlichen Raum. Ein Blick auf die gegenwärtige Denkmalproblematik in der Bundesrepublik Deutsch-*

land aus denkmalpflegerischer und medienwissenschaftlicher Sicht. Köln: Verlag Ralf Leppin.

Troebst, Stefan (1997): *Das OSZE-Engagement bei ethnopolitischen Konflikten. Erfolge und Mißerfolge in Osteuropa,* in: Internationale Politik 10/1997, S. 31-38.

Troebst, Stefan (2005): *Jalta versus Stalingrad, GULag versus Holocaust. Konfligierende Erinnerungskulturen im größeren Europa,* in: Berliner Journal für Soziologie 3/2005, S. 381-400.

Tuchtenhagen, Ralph (2005): *Geschichte der baltischen Länder*. München: C. H. Beck.

Uibopuu, Henn-Jüri (1997): *Die Aufarbeitung der kommunistischen Vergangenheit in Estland,* in: Ders.; Urdze, Andrejs: Die Aufarbeitung der kommunistischen Vergangenheit in Estland und Lettland. Berichte des Bundesinstituts für ostwissenschaftliche und internationale Studien 46-1997. Köln: Bundesinstitut für ostwissenschaftliche und internationale Studien, S. 5-18.

U.S. Army (Hrsg.) (2005): *Cyber Operations and Cyber Terrorism, Handbook 1.02.* Fort Leavenworth. http://stinet.dtic.mil/cgi-bin/GetTRDoc?AD=ADA439217&Location=U2&doc=GetTRDoc.pdf (Abgerufen am 07.07.2008)

Welzer, Harald (2001): *Das gemeinsame Verfertigen von Vergangenheit im Gespräch,* in: Ders. (Hrsg.): Das soziale Gedächtnis. Geschichte, Erinnerung, Tradierung. Hamburg: Hamburger Edition, S. 160-178.

Welzer, Harald; Moller, Sabine; Tschuggnall, Karoline (2002): *Opa war kein Nazi. Nationalsozialismus und Holocaust im Familiengedächtnis*. Frankfurt am Main: S. Fischer Verlag.

Wolfrum, Edgar (1999): *Geschichtspolitik in der Bundesrepublik Deutschland. Der Weg zur bundesrepublikanischen Erinnerung 1948-1990.* Darmstadt: Wissenschaftliche Buchgesellschaft.

Zägel, Jörg (2007): *Vergangenheitsdiskurse in der Ostseeregion. Band 2: Die Sicht auf Krieg, Diktatur, Völkermord, Besatzung und Vertreibung in Russland, Polen und den baltischen Staaten*. Berlin: Lit Verlag.

Internet-Zeitungsartikel und Internetquellen, zunächst in alphabetischer, dann in chronologischer Reihenfolge (Zugriffsdaten in Klammern):

- **Aftenposten** vom 29.04.2007
http://www.aftenposten.no/nyheter/uriks/article1759074.ece (14.04.2008)
- **Altermedia** 2004
http://ro.altermedia.info/antisistem/estonia-va-dezveli-un-monument-dedicat-veteranilor-ss_1339.html (23.06.2008)
- **AM Costa Rica** vom 06.02.2003
http://www.amcostarica.com/020603.htm (19.05.2008)
- **Amnesty International** 2007
http://www.amnesty.org/en/library/asset/EUR51/001/2007/en/e39d228d-a2f7-11dc-8d74-6f45f39984e5/eur510012007en.pdf (13.03.2008)
- **ANN News** vom 21.02.2007
http://www.annews.ru/news/detail.php?ID=79832). (19.04.2008)
- **ANN News** vom 23.04.2007
http://www.annews.ru/news/detail.php?ID=95152). (19.04.2008)
- **Aripaev** vom 27.09.2005
http://ap3.ee/Default2.aspx?PaperArticle=1&code=2991/uud_uudidx_299101 (14.05.2008)
- **Außenministerium der Republik Estland** 2007
http://web-static.vm.ee/static/failid/406/ER_16-17.pdf (26.05.2008)
- **Außenministerium der Republik Estland** 2008
http://www.vm.ee/estonia/kat_399/pea_172/4518.html (22.08.2008)
- **Außenministerium der Republik Lettland** 2007
http://www.am.gov.lv/en/news/press-releases/2007/april/27-1/ (14.04.2008)
- **Außenministerium der Republik Serbien** 2007
http://www.mfa.gov.yu/Statement/030507_1_e.html (14.04.2008)
- **Außenministerium der Republik Weißrussland** 2007
http://www.mfa.gov.by/eng/index.php?id=1&d=press/news&news_id=4287 (14.04.2008)
- **Außenministerium der Russländischen Föderation** 2003
http://www.mid.ru/brp_4.nsf/sps/6A89950720D1066543256DE90069EF91 (23.06.2008)
- **Außenministerium der Ukraine** 2007
http://www.mfa.gov.ua/mfa/en/publication/content/9980.htm (16.04.2008)
- **BBC News** vom 24.07.2002
http://news.bbc.co.uk/2/hi/europe/2148732.stm (12.03.2008)
- **BBC News** vom 20.08.2004
http://news.bbc.co.uk/2/hi/europe/3585272.stm (12.03.2008)

• **BBC News** vom 28.04.2007
http://news.bbc.co.uk/2/hi/europe/6602171.stm (25.04.2008)
• **BBC News** vom 10.01.2008
http://news.bbc.co.uk/2/hi/europe/7180399.stm (20.05.2008)
• **BBC News** vom 25.01.2008
http://news.bbc.co.uk/2/hi/technology/7208511.stm (07.07.2008)
• **Berliner Zeitung** vom 31.05.2002
http://www.berlinonline.de/berliner-zeitung/archiv/.bin/dump.fcgi/2002/0531/spielplan/0052/index.html (26.06.2008)
• **Berliner Zeitung** vom 23.02.2007
http://www.berlinonline.de/berliner-zeitung/archiv/.bin/dump.fcgi/2007/0223/politik/0183/index.html (14.05.2008)
• **Bronze Soldier** 2008
http://bronze-soldier.com/index.php?option=com_content&task=view&id=21&Itemid=32 (24.06.2008)
• **Central Europe Review** vom 05.07.1999
http://www.ce-review.org/99/2/amber2.html (19.05.2008)
• **Civil Georgia** vom 08.05.2007
http://www.civil.ge/eng/article.php?id=15079 (14.04.2008)
• **Dagens Nyheter** vom 29.04.2007
http://www.dn.se/DNet/jsp/polopoly.jsp?d=148&a=644699 (14.04.2008)
• **Dagens Nyheter** vom 08.05.2007
http://www.dn.se/DNet/jsp/polopoly.jsp?d=148&a=647718 (05.04.2008)
• **Dagens Nyheter** vom 12.05.2007
http://www.dn.se/DNet/jsp/polopoly.jsp?d=1159&a=649580 (04.04.2008)
• **Dagens Nyheter** vom 03.07.2007
http://www.dn.se/DNet/jsp/polopoly.jsp?d=148&a=667391 (25.04.2008)
• **Delfi** vom 27.04.2007
http://rus.delfi.ee/archive/article.php?id=15701713&categoryID=309647&ndate=1177696218 (14.04.2008)
• **Delfi** vom 29.04.2007
http://rus.delfi.ee/archive/article.php?id=15711237&categoryID=309647&ndate=1177857629 (14.04.2008)
• **Delfi** vom 30.04.2007
http://www.delfi.ee/archive/article.php?id=15727295&categoryID=15724692&ndate=1177954810 (08.04.2008)
• **Der Spiegel** vom 19.04.2007
http://www.spiegel.de/politik/deutschland/0,1518,478361,00.html (01.07.2008)
• **Der Spiegel** vom 03.05.2007
http://www.spiegel.de/politik/ausland/0,1518,480912,00.html (04.07.2008)

• **Der Spiegel** vom 30.07.2007
http://wissen.spiegel.de/wissen/dokument/dokument.html?id=52417837&top=SPIEGEL (14.05.2008)
• **Der Spiegel** vom 06.03.2008
http://www.spiegel.de/netzwelt/web/0,1518,539720,00.html (07.07.2008)
• **Der Spiegel** vom 11.08.2008
http://www.spiegel.de/netzwelt/web/0,1518,571317,00.html (12.08.2008)
• **Diena** vom 23.04.2007
http://vdiena.lv/lat/politics/printed/askolds_rodins_pieteikums_nirnbergai_2 (13.03.2008)
• **Die Welt** vom 24.08.1999
http://www.welt.de/print-welt/article581438/Katalanien_gruesst_Schottland.html (14.05.2008)
• **Die Welt** vom 21.02.2008
http://www.welt.de/politik/article1694942/Russlands_Jugend_teilt_Putins_Werte_und_Ziele.html (23.08.2008)
• **Die Welt** vom 02.07.2008
http://www.welt.de/welt_print/article2168373/Die_dunkle_Seite_der_Revolution.html (22.07.2008)
• **Die Zeit** vom 01.12.1995
http://zeus.zeit.de/text/1995/49/Alles_ganz_harmlos_ (01.07.2008)
• **Dmitri Rogosin** 2008
http://www.rogozin.ru/ (20.05.2008)
• **Eesti Ajalehtede Liit** 2007
http://www.eall.ee/uudised/2007/05_12_07.html (05.07.2008)
• **Eesti Ekspress** vom 03.05.2007
http://paber.ekspress.ee/viewdoc/056FB063E59ED304C22572CF003708CD (3.7.)
• **Eesti Ekspress** vom 06.12.2007
http://paber.ekspress.ee/viewdoc/C885495487D4C4C1C22573A30039C7FC (22.04.2008)
• **Eesti Päevaleht** vom 17.05.2005
http://www.epl.ee/?artikkel=6341 (03.04.2008)
• **Eesti Päevaleht** vom 30.12.2005
http://www.epl.ee/artikkel/308445 (19.05.2008)
• **Eesti Päevaleht** vom 22.05.2006
http://www.epl.ee/?artikkel=321331 (03.07.2008)
• **Eesti Päevaleht** vom 13.12.2006
http://www.epl.ee/arvamus/366537 (13.03.2008)
• **Eesti Päevaleht** vom 15.02.2007
http://www.epl.ee/artikkel/374457 (30.04.2008)

• **Eesti Päevaleht** vom 25.04.2007
http://www.epl.ee/artikkel/383323 (24.04.2008)
• **Eesti Päevaleht** vom 27.04.2007
http://www.epl.ee/artikkel/383641 (24.04.2008)
• **Eesti Päevaleht** vom 30.04.2007
http://www.epl.ee/uudised/384052 (16.04.2008)
• **Eesti Päevaleht** vom 02.05.2007
http://www.epl.ee/artikkel/384177 (11.08.2008)
• **Eesti Päevaleht** vom 07.05.2007a
http://www.epl.ee/artikkel/384777 (15.07.2008)
• **Eesti Päevaleht** vom 07.05.2007b
http://www.epl.ee/arvamus/384770 (18.04.2008)
• **Eesti Päevaleht** vom 08.05.2007
http://www.epl.ee/artikkel/385005 (05.04.2008)
• **Eesti Päevaleht** vom 26.07.2007
http://www.epl.ee/?uudised=394214 (03.06.2008)
• **Eesti Päevaleht** vom 05.03.2008
http://www.epl.ee/artikkel/421150 (07.08.2008)
• **Eesti Päevaleht** vom 30.06.2008
http://www.epl.ee/artikkel/434002 (01.07.2008)
• **Eesti Statistika** 2008
http://www.stat.ee (22.08.2008)
• **EGMR** 2006
http://cmiskp.echr.coe.int/tkp197/view.asp?item=15&portal=hbkm&action=html&highlight=ESTONIA&sessionid=9731021&skin=hudoc-en (24.06.2008)
• **Erna** 2008
http://www.erna.ee/ (03.06.2008)
• **Estnische Nationalbewegung** 2007
http://www.rahvuslikliikumine.ee/index.php?page=vene-suursaadik-tuleks-kuulutada-persona-non-grataks (22.04.2008)
• **Estnisches Nationales Wahlkomitee** 2007
http://www.vvk.ee/engindex2.html (05.04.2008)
• **Europäisches Parlament** 2007a
http://www.europarl.europa.eu/sides/getDoc.do?pubRef=-//EP//TEXT+CRE+20070509+ITEM-012+DOC+XML+V0//EN (16.04.2008)
• **Europäisches Parlament** 2007b
http://www.europarl.europa.eu/sides/getDoc.do?pubRef=-//EP//TEXT+TA+P6-TA-2007-0215+0+DOC+XML+V0//EN&language=EN#def_1_1 (16.04.2008)
• **Europarat** 2006
http://www.coe.int/t/d/Com/Dossiers/PV-Sitzungen/2006-01/Entschl1481_kommunist.asp (25.06.2008)

• **Europarat** 2007a
http://assembly.coe.int/ASP/Press/StopPressView.asp?ID=1900 (14.04.2008)
• **Europarat** 2007b
http://www.coe.int/t/secretarygeneral/sg/oped/04052007-bronzesoldier_en.asp? (14.04.2008)
• **Federation of Jewish Communities of the CIS** vom 07.07.2004
http://www.fjc.ru/news/newsArticle.asp?AID=148323 (13.03.2008)
• **Frankfurter Allgemeine Zeitung** vom 10.07.2007
http://www.faz.net/IN/INtemplates/faznet/default.asp?tpl=common/zwischenseite.asp&dox={DF048C94-FA38-83E5-7043-4C41F49815E1}&rub={CF3AEB15-4CE6-4960-822F-A5429A182360 (04.04.2008)
• **Frankfurter Allgemeine Zeitung** vom 14.08.2008
http://www.faz.net/s/Rub97F2F5D596354F4BBE619038133D791F/Doc~EB325699A332B4BE3BBBF11590AB85EA4~ATpl~Ecommon~Scontent.html (14.08.2008)
• **Frankfurter Rundschau** vom 11.06.2007
http://www.fr-online.de/in_und_ausland/politik/aktuell/?sid=27ae76f2c24ff318e8c80cd97af24a21&em_cnt=1152592 (21.06.2008)
• **Gazeta Wyborcza** vom 30.04.2007
http://serwisy.gazeta.pl/swiat/1,34205,4101086.html (14.04.2008)
• **Gazeta Wyborcza** vom 02.05.2007
http://serwisy.gazeta.pl/swiat/1,34180,4102703.html (15.04.2008)
• **Gazeta Wyborcza** vom 08.05.2007
http://serwisy.gazeta.pl/kraj/1,34397,4114069.html (14.04.2008)
• **Guardian** vom 01.05.2007
http://www.guardian.co.uk/worldlatest/story/0,,-6602044,00.html (25.04.2008)
• **Helsingin Sanomat** vom 13.03.2008
http://www.hs.fi/ulkomaat/artikkeli/Ulkoministeri+Paet+HSlle+Viro+odottaa+tapaamista+Medvedevin+kanssa/1135234783115 (08.04.2008)
• **Interfax** vom 27.04.2007
http://www.interfax.ru/r/B/themeday1/16.html?id_issue=11722956 (14.04.2008)
• **Interfax** vom 30.04.2007
http://www.interfax.ru/r/B/politics/2.html?id_issue=11725028 (22.04.2008)
• **Interfax** vom 01.05.2007
http://www.interfax.ru/e/B/politics/28.html?id_issue=11725038 (16.04.2008)
• **Interfax** vom 09.05.2007
http://www.interfax.ru/e/B/politics/28.html?id_issue=11730593 (14.04.2008)
• **Internationales Zentrum für Verteidigungsstudien** vom 11.05.2007
http://www.icds.ee/index.php?id=73&L=1&tx_ttnews[tt_news]=165&tx_ttnews[backPid]=152&cHash=562164b76a (08.07.2008)

• **Internationales Zentrum für Verteidigungsstudien** vom 12.05.2007
http://www.icds.ee/index.php?id=73&L=1&tx_ttnews[tt_news]=180&tx_ttnews[backPid]=99&cHash=f305f515ae (04.07.2008)

• **Internationales Zentrum für Verteidigungsstudien** vom 05.12.2007
http://www.icds.ee/index.php?id=73&L=1&tx_ttnews[tt_news]=70&tx_ttnews[backPid]=71&cHash=996cc31ecf (05.07.2008)

• **Itar-Tass** vom 27.04.2007
http://www.itar-tass.com/eng/level2.html?NewsID=11478851&PageNum=0 (14.04.2008)

• **Jerusalem Post** vom 04.11.2003
http://pqasb.pqarchiver.com/jpost/access/437233961.html?dids=437233961:437233961&FMT=ABS&FMTS=ABS:FT&date=Nov+4%2C+2003&author=STEVE+GUTTERMAN%2C+AP&pub=Jerusalem+Post&edition=&startpage=05&desc=Russian+Jews+slam+%27SS+monuments%27 (12.03.2008)

• **Jerusalem Post** vom 21.01.2005
http://pqasb.pqarchiver.com/jpost/access/783723481.html?dids=783723481:783723481&FMT=ABS&FMTS=ABS:FT&date=Jan+21%2C+2005&author=JARI+TANNER%2C+AP&pub=Jerusalem+Post&edition=&startpage=07&desc=Estonia%27s+Jews+start+building+their+first+synagogue+in+60+years (14.05.2008)

• **Jerusalem Post** vom 19.11.2005
http://pqasb.pqarchiver.com/jpost/access/902938561.html?dids=902938561:902938561&FMT=ABS&FMTS=ABS:FT&date=Sep+19%2C+2005&author=GREER+FAY+CASHMAN&pub=Jerusalem+Post&edition=&startpage=04&desc=Katsav+leaves+today+for+historic+trip+to+Baltic+states (14.05.2008)

• **Jerusalem Post** vom 24.04.2006
http://pqasb.pqarchiver.com/jpost/access/1026816791.html?dids=1026816791:1026816791&FMT=ABS&FMTS=ABS:FT&date=Apr+24%2C+2006&author=RUBEN+BROSBE&pub=Jerusalem+Post&edition=&startpage=05&desc=Seven+countries+flunk+Nazi+prosecution+efforts.+Wiesenthal+Center%27s+annual+status+report (19.05.2008)

• **Jerusalem Post** vom 05.01.2006
http://pqasb.pqarchiver.com/jpost/access/957650331.html?dids=957650331:957650331&FMT=ABS&FMTS=ABS:FT&date=Jan+5%2C+2006&author=EHUD+WALDOKS&pub=Jerusalem+Post&edition=&startpage=06&desc=Estonia+urged+not+to+end+probe+of+alleged+Nazi+collaborator (19.05.2008)

• **Jerusalem Post** vom 02.05.2007
http://pqasb.pqarchiver.com/jpost/access/1266258151.html?dids=1266258151:1266258151&FMT=ABS&FMTS=ABS:FT&date=May+2%2C+2007&author=EFRAIM+ZUROFF&pub=Jerusalem+Post&edition=&startpage=07&desc=The+struggle+over+Estonia%27s+history (19.05.2008)

• **Jüdische Zeitung** 06/2007
http://www.j-zeit.de/archiv/artikel.431.html (14.05.2008)

• **Kaitseliit** 2008
http://www.kaitseliit.ee/ (27.06.2008)
• **KAPO-Yearbook** 2005
www.kapo.ee/yearbook_2005_ENG.pdf (25.06.2008)
• **KAPO-Yearbook** 2006
www.kapo.ee/yearbook_2006_ENG.pdf (24.06.2008)
• **KAPO-Yearbok 2007**
http://www.kapo.ee/yearbook_2007_ENG.swf (05.07.2008)
• **Kommersant** vom 25.01.2006
http://www.kommersant.com/t643426/r_6/n_349/Historical_Justice/ (25.06.2008)
• **Kommersant** vom 27.04.2007
http://www.kommersant.com/p762639/Estonia,_Bronze_Soldier,_Russia,_WW II (24.04.2008)
• **Kommersant** vom 03.05.2007
http://commersant.com/p763227/Estonia_EU-Russia_summit/ (15.04.2008)
• **Kommersant** vom 04.05.2007
http://www.kommersant.com/p763429/Estonia/ (14.04.2008)
• **Kommersant** vom 07.05.2007
http://www.kommersant.com/p763788/r_527/Great_Russia_Party_Rogozin/ (20.05.2008)
• **Latin American Studies** vom 01.05.2001
http://www.latinamericanstudies.org/venezuela/nazi.htm (19.05.2008)
• **Magyar Hírlap** vom 18.07.2007
http://www.magyarhirlap.hu/cikk.php?cikk=132458 (04.04.2008)
• **Naschi** 2007
http://www.nashi.su/news/19675 (04.07.2008)
• **NATO** 2007
http://www.nato.int/docu/pr/2007/p07-044e.html (21.04.2008)
• **Nesawissimaja Gaseta** vom 24.05.2007
http://www.ng.ru/ng_politics/2007-05-24/13_bones.html (19.04.2008)
• **Netzzeitung** 2007
http://www.netzeitung.de/ausland/629950.html (16.04.2008)
• **Neue Züricher Zeitung** vom 29.03.2005
http://www.nzz.ch/2005/03/29/fe/articleCMPJ6.html (19.05.2008)
• **Neue Züricher Zeitung** vom 18.06.2008
http://www.nzz.ch/nachrichten/international/hakenkreuze_sowie_hammer_und_sichel_in_litauen_verboten_1.762810.html (10.08.2008)
• **Neue Züricher Zeitung** vom 06.07.2008
http://www.nzz.ch/nachrichten/panorama/die_nato_ruestet_sich_fuer_den_krieg_im_internet_1.777626.html (07.07.2008)

• **Notschnoj Dozor** 2006
http://pomnim.com/index_eng.htm (28.04.2008)
• **Novie Izvestija** vom 20.04.2007
http://www.newizv.ru/print/68316 (19.04.2008)
• **Podrobnosti** vom 18.05.2004
http://www.podrobnosti.ua/society/2004/05/18/121732.html (23.06.2008)
• **Postimees** vom 26.01.2004
http://www.postimees.ee/260104/esileht/siseuudised/124871.php (24.06.2008)
• **Postimees** vom 22.05.2004
http://www.postimees.ee/220504/esileht/134997.php (12.03.2008)
• **Postimees** vom 30.05.2005
http://www.postimees.ee/310505/esileht/siseuudised/167359.php (03.05.2008)
• **Postimees** vom 28.09.2005
http://www.postimees.ee/280905/online_uudised/178410.php (14.05.2008)
• **Postimees** vom 09.05.2006
http://www.postimees.ee/120506/esileht/siseuudised/tallinn/200883.php (24.04.2008)
• **Postimees** vom 10.05.2006
http://www.postimees.ee/040906/esileht/siseuudised/201093.php (22.04.2008)
• **Postimees** vom 13.05.2006
http://www.postimees.ee/260506/esileht/arvamus/201438.php (02.05.2008)
• **Postimees** vom 22.05.2006
http://www.postimees.ee/230506/esileht/arvamus/202545.php (02.05.2008)
• **Postimees** vom 26.05.2006
http://www.postimees.ee/260506/esileht/arvamus/203180.php (03.04.2008)
• **Postimees** vom 27.05.2006
http://www.postimees.ee/270506/esileht/siseuudised/203325_1.php (04.04.2008)
• **Postimees** vom 13.11.2006
http://www.postimees.ee/131106/esileht/arvamus/228324.php?r (13.03.2008)
• **Postimees** vom 01.12.2006
http://www.postimees.ee/011206/esileht/arvamus/231841.php?r= (13.03.2008)
• **Postimees** vom 28.02.2007
http://www.postimees.ee/280207/esileht/arvamus/247236.php (13.03.2008)
• **Postimees** vom 25.04.2007a
http://www.postimees.ee/250407/esileht/siseuudised/tallinn/257136.php (10.04.2008)
• **Postimees** vom 25.04.2007b
http://www.postimees.ee/250407/esileht/siseuudised/tallinn/257074.php (24.04.2008)
• **Postimees** vom 25.04.2007c
http://www.postimees.ee/250407/esileht/siseuudised/257066.php (27.06.2008)

• **Postimees** vom 27.04.2007
http://www.postimees.ee/270407/esileht/siseuudised/257508.php (24.04.2008)
• **Postimees** vom 29.04.2007
http://www.postimees.ee/290407/esileht/siseuudised/257861.php (05.04.2008)
• **Postimees** vom 30.04.2007a
http://www.postimees.ee/300407/esileht/siseuudised/tallinn/257996.php (14.04.2008)
• **Postimees** vom 30.04.2007b
http://www.postimees.ee/010507/esileht/valisuudised/258098.php (14.04.2008)
• **Postimees** vom 30.04.2007c
http://www.postimees.ee/300407/esileht/siseuudised/257998.php (22.04.2008)
• **Postimees** vom 30.04.2007d
http://www.postimees.ee/300407/esileht/arvamus/257922.php (05.04.2008)
• **Postimees** vom 30.04.2007e
http://rus.postimees.ee/300407/glavnaja/estonija/15586.php (25.04.2008)
• **Postimees** vom 01.05.2007
http://www.postimees.ee/010507/esileht/siseuudised/viimased_sundmused/258115.php (25.04.2008)
• **Postimees** vom 01.05.2007
http://www.postimees.ee/010507/esileht/siseuudised/viimased_sundmused/258115.php (13.06.2008)
• **Postimees** vom 06.05.2007
http://rus.postimees.ee/060507/glavnaja/estonija/15868.php (18.04.2008)
• **Postimees** vom 09.05.2007
http://www.postimees.ee/090507/esileht/majandus/259542.php (25.04.2008)
• **Postimees** vom 10.05.2007
http://www.postimees.ee/100507/esileht/siseuudised/259928.php (18.04.2008)
• **Postimees** vom 16.05.2007
http://www.postimees.ee/160507/esileht/siseuudised/tallinn/261088.php (16.04.2008)
• **Postimees** vom 08.06.2007
http://www.postimees.ee/080607/esileht/siseuudised/tallinn/265168.php (25.04.2008)
• **Postimees** vom 03.07.2007a
http://www.postimees.ee/030707/esileht/siseuudised/270103.php (25.04.2008)
• **Postimees** vom 03.07.2007b
http://www.postimees.ee/030707/esileht/siseuudised/270131.php (25.04.2008)
• **Postimees** vom 06.07.2007
http://www.postimees.ee/060707/esileht/siseuudised/270899.php (07.07.2008)
• **Postimees** vom 25.07.2007
http://euro.postimees.ee/250707/esileht/siseuudised/273911.php (03.06.2008)

• **Postimees** vom 31.07.2007
http://www.postimees.ee/310707/esileht/siseuudised/274841.php (14.05.2008)
• **Postimees** vom 11.01.2008
http://www.postimees.ee/110108/esileht/arvamus/305583.php?kremli-gambiit-natos (23.04.2008)
• **Postimees** vom 05.03.2008
http://www.postimees.ee/050308/esileht/siseuudised/315921.php (07.08.2008)
• **Postimees** vom 27.06.2008
http://www.postimees.ee/270608/esileht/siseuudised/338637.php (27.06.2008)
• **Präsident der Republik Estland** 1998
http://vp1992-2001.vpk.ee/eng/ametitegevus/Kotkarist.asp (04.04.2008)
• **Präsident der Republik Estland** 2007a
http://www.president.ee/en/duties/press_releases.php?gid=89415 (30.04.2008)
• **Präsident der Republik Estland** 2007b
http://www.president.ee/en/duties/?gid=103247 (05.05.2008)
• **Präsident der Republik Estland** 2008
http://www.president.ee/en/duties/?gid=114160 (23.06.2008)
• **Präsident der Republik Litauen** 2007
http://www.president.lt/lt/news.full/7803 (14.04.2008)
• **Prawda** vom 27.04.2005
http://english.pravda.ru/world/ussr/27-04-2005/8143-estonia-0 (13.03.2008)
• **Regierung der Republik Estland** 2007a
http://www.valitsus.ee/brf/index.php?id=282844&tpl=1007&external=&search=&aasta= (25.04.2008)
• **Regierung der Republik Estland** 2007b
http://www.valitsus.ee/brf/index.php?id=283410&tpl=1007&external=0&search=&aasta=2007- (30.04.2008)
• **Regnum** vom 30.03.2006
http://www.regnum.ru/english/615238.html (24.06.2008)
• **Regnum** vom 09.02.2007
http://www.regnum.ru/english/780249.html (04.07.2008)
• **Regnum** vom 24.04.2007
http://www.regnum.ru/english/817953.html (24.04.2008)
• **Regnum** vom 05.07.2007
http://www.regnum.ru/english/852694.html (14.05.2008)
• **Reuters** vom 29.04.2007
http://uk.reuters.com/article/worldNews/idUKL2873034620070429 (25.04.2008)
• **Ria Novosti** vom 25.04.2007
http://www.en.rian.ru/world/20070425/64373816.html (22.04.2008)
• **Ria Novosti** vom 27.01.2007
http://en.rian.ru/world/20070427/64511470.html (14.04.2008)

• **Ria Novosti** vom 30.04.2007
http://www.rian.ru/world/foreign_russia/20070430/64676483.html (22.04.2008)
• **Ria Novosti** vom 04.07.2007
http://en.rian.ru/world/20070704/68358856.html (25.04.2008)
• **Ria Novosti** vom 30.07.2007
http://de.rian.ru/society/20070730/69958997.html (03.06.2008)
• **Ria Novosti** vom 06.09.2007
http://en.rian.ru/world/20070906/76959190.html (07.07.2008)
• **Ria Novosti** vom 22.09.2007
http://de.rian.ru/analysis/20070922/80412733.html (06.05.2008)
• **Ria Novosti** vom 08.11.2007
http://de.rian.ru/analysis/20071108/87164456.html (06.05.2008)
• **Ria Novosti** vom 28.02.2008
http://de.rian.ru/society/20080228/100229171.html (06.05.2008)
• **Riigikogu** vom 07.11.2005
http://web.riigikogu.ee/ems/stenograms/2005/11/m05110707.html (24.06.2008)
• **Riigikogu** vom 11.11.2005
http://www.riigikogu.ee/?id=36506&parent_id=34937&langchange=1 (24.06.2008)
• **Riigikogu** vom 22.11.2005
http://www.riigikogu.ee/?id=37651&parent_id=34937 (08.05.2008)
• **Riigikogu** vom 09.11.2006
http://www.riigikogu.ee/?id=41411&parent_id=39883 (17.05.2008)
• **Riigikogu** vom 11.01.2007
http://www.riigikogu.ee/?id=41996&parent_id=41993&op=printit&langchange=1 (30.04.2008)
• **Riigokogu** vom 15.02.2007
http://www.riigikogu.ee/?id=42338&parent_id=41993&langchange=1 (08.05.2008)
• **Riigikogu** vom 12.04.2007
http://www.riigikogu.ee/?id=42951&parent_id=41993&langchange=1 (08.05.2008)
• **Rosbalt** vom 19.04.2007
http://www.rosbalt.ru/2007/04/19/293822.html (20.05.2008)
• **Russland Aktuell** vom 01.12.2006
http://www.aktuell.ru/russland/politik/estnische_regierung_will_sowjetsymbolik_verbieten_3243.html (17.05.2008)
• **Sakala** vom 26.05.2007
http://www.sakala.ajaleht.ee/280507/esileht/5026779.php (27.06.2008)

• **Simon-Wiesenthal-Zentrum** 2001
http://www.wiesenthal.com/site/apps/nl/content2.asp?c=bhKRI6PDInE&b=296323&ct=351073 (19.05.2008)
• **Simon-Wiesenthal-Zentrum** 2004
http://www.wiesenthal.com/site/apps/nl/content2.asp?c=bhKRI6PDInE&b=296323&ct=350557 (12.03.2008)
• **SL Õhtuleht** vom 30.05.2006
http://www.sloleht.ee/index.aspx?id=198710&d=20060530&a=1 (03.07.2008)
• **SL Õhtuleht** vom 24.04.2007
http://www.sloleht.ee/index.aspx?id=226979 (24.04.2008)
• **Ständige Vertretung der Russländischen Föderation bei den Vereinten Nationen** 2008
http://www.un.int/russia/other/eest1941.htm#russian (23.06.2008)
• **Sydsvenska Dagbladet** vom 03.04.2008
http://sydsvenskan.se/opinion/huvudledare/article313286.ece (08.04.2008)
• **The Baltic Times** vom 09.09.2004
http://www.baltictimes.com/news/articles/10835/ (12.03.2008)
• **The Baltic Times** vom 27.04.2005
http://www.baltictimes.com/news/articles/12586/ (12.03.2008)
• **The Baltic Times** vom 29.04.2007
http://www.baltictimes.com/news/articles/17775/ (15.04.2008)
• **The Baltic Times** vom 11.07.2007
http://www.baltictimes.com/news/articles/18246/ (14.05.2008)
• **The Baltic Times** vom 19.11.2007
http://www.baltictimes.com/news/articles/18821/ (08.07.2008)
• **The Baltic Times** vom 01.07.2008
http://www.baltictimes.com/news/articles/20731/ (01.07.2008)
• **The Daily Telegraph** vom 05.02.2007
http://www.telegraph.co.uk/news/main.jhtml?xml=/news/2007/02/05/westonia05.xml (28.04.2008)
• **The Economist** vom 18.01.2007
http://www.economist.com/world/europe/displaystory.cfm?story_id=8551972 (27.05.2008)
• **The Economist** vom 10.05.2007
http://www.economist.com/world/europe/displaystory.cfm?story_id=9163598 (07.07.2008)
• **The Moscow Times** vom 25.07.2007
http://www.moscowtimes.ru/article/850/49/195478.htm (20.05.2008)
• **The Moscow Times** vom 17.01.2008
http://www.moscowtimes.ru/article/1010/42/351264.htm (27.05.2008)

• **The New York Times** vom 28.04.2007
http://www.nytimes.com/2007/04/28/world/europe/28estonia.html (09.04.2008)
• **The Stephen Roth Institute for the Study of Contemporary Antisemitism and Racism** 2004
http://www.tau.ac.il/Anti-Semitism/asw2004/cis.htm (24.06.2008)
• **The Times** vom 17.05.2007
http://www.timesonline.co.uk/tol/news/world/europe/article1802959.ece (07.07.2008)
• **The Voice of Russia** vom 22.06.2007
http://www.ruvr.ru/main.php?lng=eng&q=12805&cid=59&p=22.06.2007 (22.04.2008)
• **The Voice of Russia** vom 03.08.2007
http://www.ruvr.ru/main.php?lng=ger&q=757&cid=46&p=03.08.2007 (09.05.2008)
• **The Voice of Russia** vom 26.01.2008
http://www.ruvr.ru/main.php?lng=ger&q=1313&cid=94&p=26.01.2008 (06.05.2008)
• **The Voice of Russia** vom 02.05.2008
http://www.ruvr.ru/main.php?lng=ger&q=1707&cid=115&p=02.05.2008 (09.05.2008)
• **The Wall Street Journal** vom 30.04.2007
http://online.wsj.com/article/SB117788442362486332.html?mod=todays_europe_opinion (13.03.2008)
• **United Nations** 2007
http://www.un.org/News/Press/docs/2007/sgsm10964.doc.htm (21.04.2008)
• United States Holocaust Memorial Museum 2008
http://www.ushmm.org/wlc/article.php?ModuleId=10005448 (23.06.2008)
• **U.S. Senat** 2007
http://frwebgate.access.gpo.gov/cgi-bin/getpage.cgi?dbname=2007_record&page=S5610&position=all (16.04.2008)
• **U.S. State Department** 2007
http://www.state.gov/r/pa/prs/ps/2007/may/84181.htm (16.04.2008)
• **Verteidigungsministerium der Republik Estland** 2007
http://www.mod.gov.ee/?op=news&id=1166&setlang=eng (03.04.2008)
• **Washington Post** vom 28.04.2007
http://www.washingtonpost.com/wp-dyn/content/article/2007/04/27/AR2007042700165_2.html?hpid=sec-world (09.04.2008)

Über den Autor

Felix Münch, Jahrgang 1981, begann und beendete das Studium der Politikwissenschaft, Neueren Geschichte und Osteuropäischen Geschichte an der Justus-Liebig-Universität in Gießen und hatte Studienaufenthalte am Zentrum für Baltische Studien der Universität Tartu, an der Schule für Russische Studien der Staatlichen Hochschule für Ökonomie in Moskau sowie an der Hochschule für Sozialpsychologie in Warschau.

Zeitfracht Medien GmbH
Ferdinand-Jühlke-Straße 7
99095 Erfurt, Deutschland
produktsicherheit@kolibri360.de